城市社区体育的构建与实证研究

徐　明◎著

中国原子能出版社

图书在版编目（CIP）数据

城市社区体育的构建与实证研究 / 徐明著 . -- 北京：
中国原子能出版社，2022.7
ISBN 978-7-5221-2016-4

Ⅰ．①城… Ⅱ．①徐… Ⅲ．①城市—体育活动—社区
服务—研究—中国 Ⅳ．① G812.4

中国版本图书馆 CIP 数据核字 (2022) 第 126972 号

城市社区体育的构建与实证研究

出版发行	中国原子能出版社（北京市海淀区阜成路 43 号　100048）	
责任编辑	杨晓宇	
责任印制	赵　明	
印　　刷	北京天恒嘉业印刷有限公司	
经　　销	全国新华书店	
开　　本	787 mm×1092 mm　　　1/16	
印　　张	10.75	
字　　数	205 千字	
版　　次	2024 年 1 月第 1 版　　　2024 年 1 月第 1 次印刷	
书　　号	ISBN 978-7-5221-2016-4　　　**定　价** 72.00 元	

　　社区建设的要求包括促进社区实现全方位的发展，切实发挥社区在社会整合方面的作用，改善居民的生活质量，全面改善社区的经济情况、文化情况以及社会情况。其中，提升社区体育水平是至关重要的一个方面。20 世纪 80 年代中期以来，我国的城市社区体育迅速兴起并发展壮大。作为最佳的社会体育组织形式之一，社区体育逐渐被广大民众认可和接受，人们对它的认识正在持续加深。与此同时，随着社会经济的发展，人们对于体育活动的需求也在逐渐提升。在工作场所不能够满足自身的体育需求时，人们便会开始寻求社区的体育资源。社区体育通过灵活的组织形式、多样的活动内容、融洽的地域亲情、便捷的练习方式以及有效的健身效果深深地吸引着众多社区成员参与其中。因此，研究城市社区体育具有重大意义。

　　本书内容共分为六章。第一章为城市公共体育概述，主要介绍了三个方面的内容，依次是城市公共体育概论、城市公共体育的构成与类型、城市公共体育的相关理论与政策。第二章为社区与城市社区体育的探究，包含六个方面的内容，依次是城市社区体育概述、我国城市社区体育发展的现状与不足、我国城市社区体育发展的原则与必要性、我国城市社区体育发展的途径与策略、我国城市社区体育运动资源的管理与开发、我国城市社区体育文化与学校体育文化的融合。本书第三章为城市社区体育资源的配置，主要介绍了四个方面的内容，依次是城市社区体育资源配置的目标、城市社区体育资源配置原则、城市社区体育资源配置中的政府责任、城市社区体育资源配置中的路径选择。第四章为城市社区体育中心的构建与发展，主要介绍了三个方面的内容，依次是城市社区体育中心的概述、城市社区体育中心的功能与类型、城市社区体育中心的发展策略与路径。第五章为城市社区体育场地设施的构建。包含有三个方面的内容，依次是城市社区体育场地设施概述、城市社区体育场地设施的规划、城市社区全面健身的路径。第六章为城市社区体育建设案例，主要介绍了四个方面的内容，分别是社区体育治理效能提升——嘉兴市"运动家"智慧社区、社区体育设施空间布局——以苏州市姑苏区为例、高校体育院系与社区体育——以浙江省调研为案例、社区体育团队的作用——上海社区体育团队的案例分析。

在撰写本书的过程中，作者得到了许多专家学者的帮助与指导，参考了大量的学术文献，在此表示真挚的感谢。本书内容丰富新颖、系统全面，论述深入浅出、条理清晰，但由于作者水平有限，书中难免会有疏漏之处，希望广大读者批评指正。

目 录

第一章　城市公共体育概述

本章内容为城市公共体育概述，主要从三个方面进行了介绍，分别为城市公共体育概论、城市公共体育的构成与类型、城市公共体育的相关理论与政策。

第一节　城市公共体育概论

一、公共体育

在我国，"公共体育"始终是体育系统的一个重要组成部分。其相关概念——"公共体育场馆""公共体育设施""公共文化体育设施""公共体育服务""体育公共服务体系"等被广泛使用。但是，官方和学界很少单独使用"公共体育"这一词汇。

我国政府将体育列为五大事业之一，与科、教、文、卫齐名，这其实就是将体育（确切表述为公共体育）视作国家公共事业的一种形式。公共体育是为了满足公众对体育的需求而创造出来的一种体育形式。目前，很少有地方把"公共体育"单独作为一个概念进行使用。在我国语境中的"公共体育"，更多指的是高等学校非体育专业的公共必修体育课，通常简称为公共体育课，例如普通师范高校的公共体育课程。这种使用习惯显然限制了公共体育的范围，使之无法真正展现出"公共"的含义。

二、公共体育设施

体育设施是发展体育事业、实现《中华人民共和国体育法》确定的我国体育工作方针的重要物质基础。公共体育设施的规划和建设更是实行全民健身计划，进一步改善国民体质与健康状况，提高中华民族整体素质，促进社会主义物质文明和社会主义精神文明建设必不可少的保障条件。国务院印发的《全民健身计划纲要》明确提出："体育场地设施要纳入城乡建设规划，落实国家关于城市公共体育设施用地定额和学校体育场地设施的规定。"①

当前，普通民众对于公共体育设施的需求，远远超过了公共体育设施现有数量和质量的供给。公共体育设施的发展受制于两大问题：其一，社会在公共体育设施上的投入滞后；其二，公共体育设施的管理存在不妥之处。公共体育设施之所以被称为"公共"，是因为它们是向普通民众免费开放的，其目的是要让所有民众都能够享受体育活动。如果这些设施无法惠及普通民众，那么这些设施是否真的与"公共"这一词汇的含义相契合呢？尽管公共体育设施基本上是免费的，但免费开放的设施却缺乏有效的管理和维护，常常存在着残缺不全的问题。同时，一些公共体育设施的收费过高，使得普通民众难以承受，这就导致许多人无法真正地享受到这些设施所提供的服务。因此，公共体育设施应该真正回归"公共"的本质，而不应该成为少数人的特权。

三、公共体育服务

公共体育服务涉及多方社会资源的整合和利用，通过运用各种方法和手段，供应体育服务产品，满足民众从事体育活动的需求。公共体育管理的最终目标是通过提供公共体育服务来实现。研究公共体育服务的目标是探讨如何能够使公共体育组织的作用得到更好的发挥，从而使公共体育服务范围的界定更加合理，继而有效提升公共体育服务标准，以满足不断增长的公共体育需求。

在现代汉语词典中，"服务"这一词汇解释为："为集体（或别人的）利益或为某种事业而工作。"而体育服务则理解为，在体育活动中，体育组织或服务人员为帮助参加者实现既定目标而提供的体育产品和体育劳务。例如，进行体育活动时，场地和器材是必需的基本条件，不能忽视。而活动情况的不同，意味着还需要有其他人的参与。要让参与者能够达成他们所设定的目标，必须有人指导活动并担任组织者，为体育活动的参与者提供实物形态的体育用品、非实物形态的劳动，如提供训练指导和举办体育竞赛。这说明，公共体育服务是一项旨在向社会公众提供体育产品和体育劳务的服务，由公共体育组织和相关的体育服务人员共同提供。体育产品可以分为"实物形态"和"非实物形态"两种，在服务内容上都以"体育劳动成果"为主。这些服务产品结合起来就构成了体育服务，以此来为体育爱好者提供"以服务方式存在的消费品"，从而满足他们的健身需要和审美需求。

① 全民健身计划纲要[EB/OL].[2014-08-13]（2023-07-09）. http://www.doc88.com/p-9418116854718.html

四、公共体育服务体系

关于公共体育服务体系的研究有很多，其中包括相关研究人员提出的多种发展对策，例如健全社区体育设施、加大公共投资、改革体育投融资机制、构建社区公共体育服务绩效评估体系等。针对贫困地区城市化进程中社区公共体育服务体系建设存在的多个问题，有学者建议优化社区体育志愿者队伍、加大宣传等。一些学者对于我国社区公共体育服务的范畴进行了界定，阐述并预测了社区公共体育服务的新任务、新方向以及新规律。与此同时，很多学者对于城乡结合地区社区公共体育服务体系建设的内涵和时代意义进行了深入研究和探讨。他们认为，需要采取一系列措施，如整合社区体育资源、获取政策支持和多渠道筹集资金等以促进其建设。此外，有研究人员指出，增加社区公共体育服务的供给，可以采取社会化和市场化的方式，应当建立和完善综合的公共体育服务保障体系，其中包括体育场地设施、资金、健身指导人员、政策法规等要素。

体育公共服务体系，是由多种体育产品、项目以及管理要素所组成的综合体。换句话说，体育公共服务体系可以理解为各类产品、项目，是政府和各种社会组织为满足民众对于体育的需求而创造的一个有机整体，其中包括各项设施、组织活动、制度法规、价值与目标等物质或非物质因素。它的建立并非短时间内就可以完成，而是要通过不断的实践和完善，伴随社会生活的发展、人们需求的变化以及认知水平的提高，逐渐完成的动态过程。一个地区的社会条件和体育事业的发展，很大程度上受制于其整体配置和建设水平。因而在通常情况下，体育公共服务体系包括四个组成部分：服务技术支持体系、服务保障体系、服务管理支持体系和服务环境支持体系。

社区体育公共服务技术支持体系包括：社区体质监测服务、社区体育活动服务、社区体育指导服务、社区体育信息服务。

社区体育公共服务保障体系包括：体育服务经费监督保障体制和体育服务法制保障体制。经费监督保障指以财政拨款为主，包括社会资助、服务经费收入等多渠道经费来源，以保障社区体育公共服务的需要；体育服务法制保障指通过制度创新健全体育法规制度，形成依法治体的局面，保障体育公共服务的稳定。

社区体育公共服务管理支持体系包括：体育组织活动运行机制、社区体育服务激励机制、体育服务评估监督反馈机制、社区体育服务市场机制。

社区体育公共服务环境支持体系包括：社区体育设施服务、社区体育参与动员。

一些学者认为，公共体育服务指的是由公共组织提供，旨在满足公众体育需求的公共物品或是混合物品。

五、城市公共体育存在的形式

（一）体育馆、体育场和体育中心等大型设施空间

体育馆，是一种能够承办大规模比赛、提供系统化体育训练设施的场所。城市体育场内设有田赛以及径赛场地，不但可供举办专业性体育竞技赛事，容纳大量观众观赛，还可以承办政府或社会组织的体育赛事，举办一些庆祝活动等。体育中心，指的是设有游泳馆、高尔夫球场、保龄球馆等的综合性运动空间，是一种配备多种专业体育设施，包括专门的体育场地、专业的管理人员的场所，专门用于进行体育活动的空间。通常情况下，体育中心的占地面积较大，特大型的体育中心能够达到超过 200 公顷的面积。

（二）城市社区内公共体育空间及街道路边等

与居民的日常生活非常接近，是社区内的公共体育空间所具备的最大优点。也正是因为这一原因，社区内的公共体育空间受到了城市居民的欢迎，成为他们最常进行体育活动的场所。通常情况下，居民进行体育锻炼的方式较为简单，比如用餐后的散步或快步行走等。因为社区居民的年龄和居住地的情况各不相同，所以在推广社区体育活动时，需要根据实际情况，适当地建设一些符合当地特点的体育设施。如今，在城市社区内建有简易的居民健身苑等设施，使更多的社区居民能够加入体育锻炼的队伍。构建社区体育组织有助于更好地激发居民的健身热情，促进社区体育事业的发展与繁荣。

（三）广场、公园绿地等活动场所

城市的广场和公园，是能够提供体育活动场所的空间。这些地方拥有相对比较完备的体育设施和宽阔的场地，虽然基础设施较为简单，但有利于进行休闲娱乐活动。这种空间所具备的特点是：人口流动性较大，缺乏较强的组织性，活动内容非常丰富，因此，每个人都可以依据自己的兴趣爱好和身体状况，来选择与自身相适宜的项目类型。

（四）城市郊区体育活动空间

城市郊区最显著的特点之一是拥有宽敞的活动空间，让人们感到愉悦和轻松。

然而，人们在使用这种体育场地的时候，往往会面临着很多限制。因为许多城市郊区距离居民的生活区相对较远，这就意味着居民只能在空闲时间到此进行体育活动，这就导致了城市郊区工作日十分冷清，而周末和节假日则人流涌动。政府或社会团体可以通过运用郊区广阔的空间，挑选合适的场地，规划举办一些体育比赛，例如自行车赛、越野跑等，在促进全民健康的同时，也可以在潜移默化中使城市的凝聚力和影响力得到有效提升。

第二节　城市公共体育的构成与类型

一、城市公共体育的构成

城市公共体育的要素由以下三个方面构成。

其一，体育活动设施。城市体育的发展一定程度上取决于体育活动设施的数量和质量，体育活动设施是城市空间活动的物质基础。

其二，活动的行为主体——人。具体来说，指在城市长期居住的居民和流动人口。人具有自然属性和社会属性，因此，可以将体育行为分为个人单独进行的体育行为（个体性的体育行为）和团队协作进行的体育行为（群体性的体育行为）。体育活动涉及人的情感与心理，能够有效促进其道德修养的提升。随着现代社会的不断发展，人们的生活水平和需求也在逐步提升，这种提升反映了人们意识层面的进步，同时也展示了社会文明的不断进步。人们将自身的实际需要作为出发点，选择有利于自身成长并且感兴趣的体育活动。人性化和时代化，一直以来都是恒定不变的原则。随着时间的不断推移，对于体育的需求也随之不断地更新。如今，人们越来越需要简单、轻松的运动方式，为了满足这一需求，多样化的体育项目和体育参与方式正在兴起。

其三，活动的方式内容。活动的方式内容不仅对于居民的体育行为质量有着决定性的作用，也是评价城市公共体育发展的重要指标。

二、城市公共体育的类型

（一）按照空间划分

依据服务范围，城市公共体育可以分为三种：社区级、城区级和城市级。这种分类方式主要从空间的角度考虑，以下分别对这三种类型进行具体的论述。

社区级体育空间，指的是在居住区内的公共健身场所，拥有一定数量的体育服务设施。例如，社区篮球场、社区广场等。

城区级的体育空间，通常是建立在城市区级的体育设施，具备较为完善的体育设施系统。例如，区体育场、体育馆等。城区级的体育空间可以举办一定规模的体育比赛和庆祝活动。

城市级的体育空间，是三种体育空间类型中服务范围最大的。它的体育设施完备，面向全市居民提供体育服务。大多数的城市级体育空间，都能够承办省级、国家级的体育赛事。

（二）按照时间划分

从时间角度划分，主要是以居民自身的空闲时间作为出发点。居民的空闲时间对于参加体育活动来说是至关重要的因素，这也是调查结果显示老年人参与体育锻炼比例较高的原因之一。人们的时间可以划分为工作日和非工作日。其中，非工作日包括周末和法定节假日等。在体育生活领域的理论里，通常将休闲体育分为日常、周末和法定节假日三个时段。在工作日，人们通常会选择同一种类型的运动，且出行的距离也较短。但是在周末和时间较短的节假日，人们会更多地选择自己感兴趣的体育锻炼方式，会选择前往较远的区域，例如城市的郊外等进行体育运动。而在时间较长的节假日，人们的体育活动往往会突出休闲娱乐这一特点，选择去往更遥远的场所进行体育活动。

第三节　城市公共体育的相关理论与政策

一、城市公共体育的相关理论

（一）城市规划理论

1.田园城市规划理论

田园城市理论提倡在大城市周边建立多个田园城市，以应对大城市出现的拥堵问题、卫生问题。这些田园城市具备着理想的社会形态和城市形态，例如：土地公有、公民自治、自给自足，就业与生活设施平衡，限制规模，低密度等。田园城市理论所倡导的是采取限制城市扩张和膨胀的措施，比如控制人口数量及居住密度等，与此同时，规划并修建充足的娱乐场所、公共服务设施，保留大量的绿地来创造美丽的环境。

2. 功能主义规划理论

通过对城市区域进行全方位的改造，调整城市内部的密度分布，建立新型的、高效率的城市交通系统，提供更多的绿地、空间、阳光。这种崭新的城市发展理念是功能主义规划理论的核心思想。而城市必须保持集聚，因为只有集中的城市才具备鲜活的生命力，这是功能主义规划理论进行空间规划的出发点和原则。

根据城市活动的不同，可以将城市空间的功能分为四种基本类型：居住、工作、娱乐和交通。城市规划的核心工作是实现各功能区的平衡发展，创造最适宜其发展的环境。通过将城市用地按照不同的功能分区并规划建设，有效地改善了工业化以来城市用地的无序布局。

3. 有机疏散理论

有机疏散理论认为，在合适的区域内，传统大城市的形态可以分解为多个集中的单元，这些单元可以被组织成互相关联的、具备功能的集中点，并且它们之间可以被具有保护性的绿化带隔离开来。虽然卫星城模式在缓解大城市问题方面发挥出了一定程度上的作用，但这并非唯一的方法。除此之外，城市有机疏散和布局重组等策略也可以实现城市的健康疏散，例如"对日常活动进行功能性集中"和"对集中点进行有机分散"这两种方式。

有机疏散理论主张通过对功能组织进行重新分化，提倡建立相对独立、功能完整的组团结构，将过度聚集的单一中心区域分化。因此，这一理论是城市分散主义和集中主义的一种折中，它既不支持城市功能的过度集中，也不提倡城市的不断扩张。在第二次世界大战后，有机疏散理论在欧美各国大城市功能与空间的改善方面发挥了非常重要的指导作用。

（二）公共物品理论

公共物品这一概念，是相对于私人物品而言的。可以根据是否完全具有非竞争性和非排他性划分成准公共物品和纯公共物品。在现实生活中，有许多物品不具备完全的公共或私人特征，而是介于两者之间，叫作准公共物品或混合物品。这些物品不同时具备非排他性和非竞争性，它们的供给来源既有市场也有政府，而纯公共物品的数量相对较少。混合物品可以分为三种类型：公共池塘资源、排他性公共物品、拥挤性公共物品。以下分别对着三种类型进行具体论述。

第一，公共池塘资源。

公共池塘资源具备着一定的竞争性，但是没有排他性或者只有弱排他性。例如，山、水、森林等自然资源，每个人都可以使用，但是过度使用可能会产生负面影响。因此，通常需要通过适当的收费等限制方式来管理。

第二，排他性公共物品。

排他性公共物品指的是具有一定（弱）排他性的公共设施，例如城市中的水、电、煤气和有线电视节目等，虽然在消费方面不会产生竞争，但使用时需要稍做限制。如果仅通过政府对这类物品进行免费供应，那么将会导致拥堵成本急剧上升。如果全部依靠市场进行供应，则通常无法保证效率。因为这类物品具有自然垄断性和"拥挤点"，因此，为了实现资源的最佳利用，通常是由政府机构提供，并收取适当的费用。

第三，拥挤性公共物品。

拥挤性公共物品虽然不具备排他性，但是其一旦到达"拥挤点"，就会引起竞争。在达到"拥挤点"以前，消费者的增加并不会带来边际成本的增加，也就是边际成本为零。然而，一旦到达"拥挤点"后，每增加一个消费者，边际成本也会增加，也就是边际成本将大于零。例如，人流熙攘的街道、拥堵的马路、繁忙的桥梁、热闹的社区游泳池、熙熙攘攘的高尔夫球场、人来人往的公共图书馆和博物馆等。如果我们将这个概念扩大一下，也可以包括教育、文化、体育、医疗等社会服务领域。这种物品在到达拥挤点以后自身会具备排他性，因此可以由非营利性的私人机构或社会福利机构提供，这也是为什么"俱乐部物品"也被称为"私有—公共物品"。如果这类物品的提供完全依靠个人或商业机构，可能会导致物品供应量不足、社会福利减少或者效率降低等问题。布坎南称之为"俱乐部物品"，也就是局部公共物品，原因在于这类物品实现排他性的成本较低，在消费方面，这类物品具备着共享性。

基于公共物品的供给可能会出现"市场失灵""政府失灵""自愿失灵"等多种情况的原因，依赖任何一方单独提供都有可能会出现问题。因此，公共物品供应机制研究的重要内容是：基于对物品基本属性的实际分析，合理确定政府在各种公共物品供应中的职能范围和角色，平衡各方的供需力量，采取多元化的供应方式。

（三）系统论

在城市中，有许多不同的要素，这些要素组成了一个庞大而复杂的系统。通过规划和管理，这些要素会形成不同的子系统，承担着特定的功能。体育是一项基本的城市功能，城市体育系统是城市系统中的一个重要组成部分，由城市公共体育空间承载其主要功能。

城市空间结构的合理性，直接影响了城市空间功能的有效发挥。要让城市的体育设施发挥作用，就需要确保体育场馆和场所的布局结构科学合理。城市公共体育空间是城市空间的一个子系统。因此，城市公共体育空间不仅应当融入城市环境，对城市资源进行适当运用，同时也需要为城市的综合发展发挥一定的作用。这就要求我们不仅要关注城市公共体育空间系统内部资源的合理分配，也要注重考虑它与周边环境和其他系统之间的联系和适应。

按照系统论的观点，系统的结构是由其中各个组成要素之间的关联方式、组织秩序和时空关系的总和所构成的。关联方式指的是系统以特定的模式整合各个要素，形成一个整体。这种联系方式的稳定性相对较高。系统的结构是由要素之间的相互关系和展示方式决定的，而这种结构又决定了系统内在方面的规律性。

在系统中，各种元素的分配并不是均匀的，因此，它们的地位也是不相同的。系统要素的分布形式在系统结构中规定了一种量的特征，而系统中要素之间的相互关系和作用则决定了系统的性质和特征。虽然系统的结构是稳定的，但是这种稳定始终具有相对性，其发展变化才是绝对的。系统的基本属性是开放性、非均衡性，因而不断地经历着改变和演变，还可能会发生系统自组织。

系统论认为，系统的功能是指系统行为在系统所处的生存环境中所起的作用，可以理解为系统结构在外部呈现的表现形式。系统具有一定的功能是由于其开放性，而这种开放性也要求系统功能必须与外部环境联系在一起。系统的构成关系决定了系统的结构，而与外部的互动关系则决定了系统所扮演的角色和功能。相较于系统结构的相对稳定性，系统的功能具有较强的可塑性和适应性。系统的功能不断地受到外部环境的影响和制约，因此处于不断变化的状态。一个系统可以拥有多种不同的功能，同时也能够在不同的情况下自适应地展现出各种不同的功能特点。

理解系统的功能，以便能够更好地利用和调整系统的功能，是人类对系统进行研究的直接目的。如果一个系统不能满足人们的期望和需要，那么它就失去了实用意义和实际价值。系统的内部结构和外部功能紧密相关，二者是同一个问题的不同方面。在通常的情况下，人们认为结构决定功能是系统的基本原理。但实际上，系统的功能不仅仅由结构本身决定，还与环境因素息息相关。而系统结构决定系统功能，则指的是系统的结构是功能的基础，没有结构的支持，功能就无法实现。特定的结构具备着特定的功能，系统的功能不能独立于其结构而存在。系统功能与系统结构相互制约，相互依存，缺一不可。只有结构合理的系统才能具备良好的功能，反之，则会影响系统功能的正常发挥。

系统的结构与功能会不断出现矛盾，然后通过不断解决这些矛盾来促使系统的不断演变和进步。然而，需要注意的是，系统的功能与结构之间的相互作用存在着特定的条件，只有在恰当的环境下，系统的功能才能得到充分的展现。因此，为了让系统能够正常运行，需要在外部环境方面进行适当的选择、改善和营造。随着环境的不断变化，系统功能持续适应并对系统结构产生反馈作用，从而促使系统结构发生改变，而重新构建的结构可以更有效地促使其功能发挥作用。

系统的结构和功能之间，是相互适应但并非完全适应。而也正是在这种矛盾相互作用的过程中，系统才能够得以不断完善和发展。

二、城市公共体育政策

（一）公共体育政策的概念

公共体育政策是公共政策的下位概念。从字面上公共政策可理解成为"公共"而制定的"政策"，正如行政学开山始祖伍德罗·威尔逊所说，公共政策是由政治家（具有立法权者）制定的并由行政人员（公务员）执行的法律和法规[①]。

显而易见，这个概念提供了关于公共政策理解的一些有用的信息，但并不是十分全面。它主要从政策制定和执行的角度来定义公共政策，但忽略了政策的制定者不仅仅是政治家，而执行者也不局限于国家公务人员，还应当包括涉及公众的其他相关人员。

国外学者把公共政策概括为"政府做什么，为什么这样做，会产生什么样的效果"。

公共政策不应当只考虑少部分人的利益，而要使大多数人的福利最终得到提高。因此，公共政策必须是具备公共性的。公共利益是衡量公共性的标准，公共政策必须基于公共利益来制定。

---

① 伍启元. 公共政策 [M]. 中国台北：台湾商务印书馆，1985.

（二）国外公共体育政策

公共体育政策的制定和研究在发达国家已有悠久历史。特别是英国，作为现代体育运动的发源地，其公共体育政策经历了从提供合理娱乐到推广体育运动为全民所有的演变过程。尽管体育发展目标在不同的时期注重的方面有所不同，但一直秉持着追求公正的原则，确保广大市民在没有歧视的情况下参与体育和娱乐活动。其逻辑起点为"到底为谁？何时提供？"这一哲学理念。

作为最早引进英国户外活动的国家——德国自1882年颁布《果斯列尔游戏训令》以来始终鼓励民众参与户外活动。德国在1913年设立了"德国体育奖章"，并在1920年推出了"黄金计划"，这些都是通过不断颁布公共体育政策来鼓励人们参与体育锻炼，以此促进全民健康。

日本所实行的公共体育政策与德国有相似之处，但主要将学校体育教育作为发展体育的突破口。特别是在1964年东京奥运会以后，日本的大众体育开始蓬勃发展。针对这一趋势，日本于1989年推出了《面向21世纪体育振兴计划》，在1997年提出《关于保持增进一生身心健康的今后健康教育和体育振兴方案》，并在2000年发布了《体育振兴基本计划》等政策，逐步明确了"终身体育"和"精英体育"与学校体育的良性发展关系。

在美国建国之初，人们达成了共识，认为政府的权力应该是有限的。这体现出公民所享有的权利并不是政府通过法律所授予的，而制定宪法的目的是让公民的权利能够得到保障。美国政府主要的体育管理职责是为广大民众提供良好的基础设施。

基于以上内容，我们能够看出，许多先进国家以公民权利和政府责任为基础对大众体育进行思考。相较于竞技体育而言，大众体育在政府的公共服务中，始终占有更高的地位。

（三）国内公共体育政策

改革开放以来，我国先后出台了众多公共体育政策。

1995年6月，国务院颁布并实施了《全民健身计划纲要》。《全民健身计划纲要》是国家发展社会体育事业的一项重大决策，是20世纪末和21世纪初我国发展全民健身事业的纲领性文件。

1995年通过的《中华人民共和国体育法》，明确了各级体育行政单位为体育产业管理与监督部门，各级体育行政部门在体育产业政策的执行过程中拥有了法律保障。《中华人民共和国体育法》的颁布，不仅填补了国家立法的一项空白，而且标志着中国体育工作开始进入依法行政、依法治体的新阶段，这是中华人民共和国体育事业发展的一座里程碑。

2009 年，国务院颁布了《全民健身条例》，2013 年国务院颁布了《关于促进健康服务业发展的若干意见》，2016 国务院颁布了《全民健身计划（2016—2020年）》，2021 年国务院颁布了《全民健身计划（2021—2025 年）》。

第二章 社区与城市社区体育的探究

本章内容为社区与城市社区体育的探究，主要从六个方面进行了介绍，分别为城市社区体育概述、我国城市社区体育发展的现状与不足、我国城市社区体育发展的原则与必要性、我国城市社区体育发展的途径与策略、我国城市社区体育运动资源的管理与开发、我国城市社区体育文化与学校体育文化的融合。

第一节 城市社区体育概述

一、社区

（一）社区的定义

根据德国学者所述，社区是指由那些生活在同一区域具有共同价值取向的同质人口组成的关系亲密、出入相友、守望相助、疾病相扶、富有人情味的社会关系和社会团体。与此同时，也有国外学者指出，社区是个人基于其他人的义务或共同目标而凝聚在一起的团体。

从地理区域这一角度来看，社区指的是街道、小镇、地区或者某一特定的空间环境。从关系角度这一层面来说，社区是人们之间互动所形成的群体。

从目前的文献资料看，虽然社会学家对社区所下的定义多达一百多种，还没有形成统一的认识，但普遍认为社区构成要素包括五个方面：特定的人群、特定的地理区域范围、基本的生活设施、认同的文化、特定的管理组织。因此，对于社区，可以广义地理解为居住在一定地域范围内的人们所组成的生活共同体；狭义地理解为一定地域内按一定社会制度和关系组织起来的、具有共同人口特征的生活共同体，如一个村庄、一个城市、一个街道、一个居住小区等。

（二）社区的构成要素

1. 一定数量的人口

人是社会存在的前提。社区既然是人们生活的共同体，具有一定数量的人口则是社区存在的首要前提。人口规模决定着社区的规模。作为构成社区的一个要素，人们并不是孤立存在的，而是相互间存在各种各样的社会关系，并且在社会关系中进行劳动等社会活动。之所以说人是社区的主体，是因为社区居民是社区生活的创造者，是社区物质要素的创造者和使用者，是社区社会关系的承担者。作为社区主体的人口有两个方面的规定性：量的规定性——人口的规模，若人口太少，形不成一个完整的社区；质的规定性——人口素质，如身体素质、文化素质、思想素质。

2. 一定的地域

既然社区是人类社会地域生活共同体，是一个地域性的社会实体，那么一定的地域自然成了社区的要素之一。一定的地域为人们提供了活动的场所，社区地域面积的大小对社区成员的日常生活有影响，比如它直接制约着居住空间；为社区居民提供了生产和生活的部分资源，如社区地域内自然资源的富集程度就构成社区经济活动的基本物质条件；影响着社区中人们活动的性质和特点及社区的形成和发展。

社区的地理位置和地理环境、地质条件、气候条件都会对社区的发展有重要的影响。

3. 社区的特色文化

对于文化概念，存在着广义和狭义两种理解。

广义的文化是指，人类所创造的物质财富和精神财富的总和。而狭义的文化主要是指，人类所创造的精神财富。

由于每一个社区的形成过程、历史传统、地理条件、发展水平不同，各个社区的文化便具有独特性以区别于其他社区甚至邻近社区。社区的特色文化是社区居民在长期的共同生活中积淀而成的，是许多社区能够成为相对完整和相对独立的社会实体的一个条件和特征。

4. 社区意识

社区居民具备一定程度的社区意识。换句话说，社区居民对于自身所属的社区有一种心理归属感，包括赞同、喜爱以及依恋。这种归属感是社区生活对其成员的心理长期影响的结果。社区意识的缺失与否，是评估社区成熟度的指标之一。

原因在于，假若一个社区的居民不具备社区意识，则他们彼此之间就会缺乏凝聚力，致使他们难以实现共同生活，因此，也就无法形成一个社会共同体。

5. 社区组织

社区组织既是个体社会化的重要形式，同时也是将个体组合起来的重要方式。社区是一个组织良好、有规律秩序的社会实体，兼具多种功能。与此同时，社区也因为承担了大量的公共事务而成为不可或缺的存在。因此，社区组织无论大小，都发挥着十分重要的作用。

关于社区组织的类型，人们依据不同的标准提出过多种划分方法，比较有影响的有下列几种。

（1）根据社区组织结构划分

根据组织结构，社区组织可分为正式组织和非正式组织。凡有正式结构的组织谓之正式组织，其组织成员之间的关系由一个特定的或正式阐明的规则加以规定和限制，它不仅有明确的组织目标，而且有多层次的领导及明确的责任与权限。如社区内的政府机关、军队、工商企业等，绝大多数组织都是正式组织。没有正式结构的组织叫非正式组织，其成员之间的关系没有明确的规定，仅靠感情和约定的规范来维系，成员间的互动比较自由，如社区里自发组织的武术协会、钓鱼协会、娱乐团体等。事实上，在一个社区组织内部，常常是正式组织与非正式组织并存，只是两者所占的比例不同而已。

（2）根据社区组织目标与受益者的关系划分

根据组织目标与受益者的关系不同，可以把社区组织分为福利组织、工商组织、服务组织、公益组织四类。这是美国社会学家布劳和斯卡特提出来的。

互利组织指那些基本上使组织成员受惠的组织，如社区内的工会、俱乐部、宗教组织、专业学术团体等。

工商组织是指那些以盈利为目的、受益者只是少部分人的组织，即受惠者首先是工商组织的所有人，如社区内的工商企业、商店、银行、保险公司等。

服务组织是指以服务为主的组织，其受惠者是与该组织直接接触的人，如社区内医院、学校、社会工作机构等。

公益组织，是指使公众总体受惠的组织，不但包括与该组织直接接触的人，也包括没有接触的人，如社区内的税务机构、军队、警察、消防队和研究机构等。

（3）根据社区组织对成员的控制方式划分

根据组织对成员的控制方式把社区组织分为强制组织、实用组织和规范组织。此种分类是美国社会学家爱桑尼提出来的。

强制组织，即用强制的方式使其成员服从的组织，如社区内的监狱、精神病院等。

实用组织，即以报酬作为控制手段使成员服从的组织，如社区内的工业组织和商业组织。

规范组织，即研究行为规范、利用组织章程来维系组织，成员服从组织主要靠规范的内化，即自动遵守规范，如社区内的政党、协会等组织。

（4）根据社区组织人数的多少划分

根据社区组织人数的多少把社区组织分为小、中、大、巨型组织。这是美国社会学家凯普劳提出来的。虽然他认为以组织人数的多寡而分类，多少有些随心所欲，毫无标准可言，但依然是常见而普遍的一种。

小型组织：通常由 3 到 30 人构成。

中型组织：人数多于小型组织，大约 30～1000 人。

大型组织：人员众多，成员之间难以互相了解，但领袖却是全体成员所共同认可的人。换句话说，虽然组织中的主要人物或领袖能够被大部分人熟知，但是他们无法辨认每一个成员。大型组织的规模，为 1000～50 000 人。

巨型组织：从字面意义上来看，这个词汇可以理解为规模庞大、人数众多，没有数量限制的一个机构或组织。在这一组织中，所有成员之间缺乏直接互动的机会，而组织中的重要人物则需要依靠大众传媒工具被大多数人熟知或认可。巨型组织的成员人数，最少是 50 000 人，最多则没有限制。

（5）根据社区组织的性质以及活动内容划分

我国的部分学者根据组织的性质以及活动内容把社区组织分为经济、政治、文化组织。经济组织担负着为人们提供衣、食、住、行等物质生活资料的职能，并履行社区的经济职能，包括生产、分配、交换、消费。政治组织是处理阶级关系和政权关系、统治和管理社区的组织，政府、军队、法庭、监狱等都属于政治组织。文化组织即以满足人们的各种文化需求为目标，以文化、教育、科研活动为其基本内容的社区组织，科研单位、图书馆、剧院、各种学术团体、文体团体等都属于文化组织。除经济、政治、文化组织外，我国还有群众组织、宗教组织等多种类型的组织形式。

上述分类并不是绝对的，实际情况中的社区组织类型往往是交叉的。例如经济组织中也有政治，即权力的分配和行使问题；政治组织中也有物质资料和酬劳的分配问题；在经济、政治组织中同时也都有文化活动。由此可见，社区组织类型的划分有其相对性。

6. 社区生活设施

社区生活设施是为了保障人们的日常生活而提供的必要物质设施。例如，在社区中建立商饮服务系统、文化教育卫生系统和其他社会基础福利设施。假若缺乏这些生活服务设施，或是这些设施存在不完备的情况，则会给社区居民的生活带来负面影响。并且，对于社区的稳定和发展也会产生一定程度上的影响。由此，社区发展水平的一个重要度量标准，就是生活服务设施的规模和质量。

（三）社区的基本分类

社区是由一定数量的居民组成的，这些居民之间存在内在的互动关系和文化联系，构成了地域性的生活共同体。社区是一个地域性的社会生活共同体，由人口、地理环境、管理机构、文化现象、社区意识等多种因素组成。社区的多样性不仅是一种客观的现象，同时也是一种必然的现象。原因在于，不同社区所包含的要素、内容和结构方式均存在着不同程度上的差异，由此，形成了多种类型的社区。

我们对社区进行分类就是要揭示社区的类型，探讨不同类型社区的特征和它们之间的相似性和差异性，便于我们对社区进行深层次的研究。根据不同的目的，我们可以用不同的标准对社区进行划分，常用的主要是以下 5 种。

1. 功能分类

社区是一个社会活动的综合体，拥有多种功能。然而，在这些功能中，有一些起着主导作用，成为社区的核心功能。正是这些核心功能赋予了社区在整个社会分工格局中独特的角色。基于社区所具备的主要功能，我们将社区分为了以下几种不同的类型：经济社区、政治社区、文化社区和军事社区等。

（1）经济社区

经济社区指的是社区中大部分的劳动力都积极地从事生产经营活动，并通过这些活动为社会创造财富。经济社区可以依据所从事的生产经营活动类型进行分类，例如工业社区、农业社区、服务业社区、林业社区、旅游业社区、牧业社区和渔业社区等。

（2）政治社区

政治社区指的是全国和省、市、县等行政区域的管理机关所在的区域，如首都、省会等，都是重要的政治中心。此外，各种党政机构聚集的区域也可以被视为一个局部的政治社区。

（3）文化社区

文化社区指的是教育、科研以及文艺机构较为集中的社区。例如，北京的中关村科技园，就是一个具有一定代表性的文化社区。

（4）军事社区

军事社区指的是以军事活动、军事设施作为主体的社区，如军事基地等。

然而，需要注意的是，将社区按照其主要活动或者主要功能分类，是具备明显的相对性特征的。例如，很多社区具备着多重的功能，不仅在经济方面具备一定的实力，同时又是一定区域的政治中心和文化中心。因此，针对以上这种情况，我们还需要进行细致的研究和分析，以确定其主要功能。

2. 形成方式分类

我们可以根据社区的形成方式，将社区分为自然性社区和法定性社区这两种类型。

自然性社区，是指因自然因素形成的社区，其边界通常是河流、湖泊、空地、山林等自然标志。其中，最为典型的自然性社区是农村自然村庄。居住在自然村中的居民已经在这里生活了很多年，他们相互熟悉，并且对这个村庄充满了亲切感和认同感。

而法定性社区，是为了满足社会管理需要而设立的。法定性社区的边界范围划分大多是出于行政管理的需要，例如城市的区政府辖区共同体、街道办事处辖区共同体、居委会辖区共同体以及农村中的"行政村"等，这些地区都是法定性社区的形式。法定性社区是党和政府促进经济和社会发展、实施社会管理的基本单位，具备着相对规范的行政管理机构。

在一些特定的情境下，自然性社区是作为法定性社区的基础而存在的。

3. 综合分类

通过综合多种标准，我们可以将社区分成两种类型，即农村社区、城市社区。

农村社区是一个由以农业生产为主要生活来源的居民组成的地方团体或地区社会。农村社区基于农业生产模式，其规模相对较小，结构也相对简单。

而城市社区指的是非农产业活动集中于一定地域空间的聚居形式，其规模一般相对较大，人口也较为密集。

农村社区主要包含以下三个明显的特征。

（1）农业生产是农村居民赖以谋生的主要方式和主要职业。

（2）人口密度低。

（3）相比城市社区，农村社区中家庭具有更多的功能。目前，我国农村中社区的主要形式有村落、集镇和集镇区。

伴随着社会的不断进步和发展，社区也在不断变化。目前，农村城镇化，是农村发展的总趋势。

农村的城镇化指的是，农村社区逐渐发展为城镇社区的一种综合的社会经济运动，是农村固有特点消失和城镇特点增长的过程。它的本质是消除城乡差异。

公元前 3500 年左右，出现了城市这一人类集聚地。19 世纪 20 年代以后，由于工业革命的推动，城市发展速度急剧加快。20 世纪以来，全世界范围内掀起了一股前所未有的城市化浪潮。城市社区是以非农产业或第二三产业为基础的，规模较大、结构比较复杂的社区。城市社区的特点主要是成员主要以工商服务业为职业和谋生方式；人口密度大，聚居规模大，成员的异质化程度较高；社会组织复杂，科层组织普遍；居民的生活质量和生活水平相对较高。

4. 社会关系分类

滕尼斯根据这一标准将社区分为两种类型：通体社区和联体社区。通体社区是由个人的自然意愿结合而成，而联体社区则是由理性意愿结合而成的。

根据迪尔凯姆的观点，社区可以分为两种不同类型：机械团结社区和有机团结社区。机械团结社区建立在相同的价值观和生活方式的基础上，而有机团结社区则建立在分工合作的有机联系这一基础上。

目前，有许多观点依据这个标准对社区类型进行划分，例如：

（1）以处理社会关系时所遵循的社会规范的类别与特征为依据，将社区划分成两种：保持传统的神圣社区、以明文规定的制度协调利益关系的世俗社区。

（2）以社区构成要素的相似性为依据，将社区划分成两种：构成要素基本相同的同质性社区、构成要素基本相异的异质性社区。

（3）以社区内在的组成部分之间的联系程度、社区和外部环境的联系程度作为依据，将社区划分成联系程度较弱的封闭性社区、联系程度较强的开放性社区等。

5. 社区结构完整程度分类

尽管社区是一个地域性的社会共同体，具有多重功能，但有些社区的构成要素比较全、功能比较完整，有些社区构成要素比较少、功能比较单一。据此，我们可以把社区划分为整体性社区和局部性社区。

整体性社区几乎涵盖了人类社会所具备的主要因素，并且它能够满足大部分居民的主要需求，如城市、集镇区等。这种社区不仅提供了可供人们生产和经营的设施，还提供了能够促进政治、文化活动的条件和设备。此外，还有能够满足人们日常需求的机构。在这个社区中，大部分成员的经济、政治和文化行为都局限于本社区的范围。

尽管局部性社区是整体社区的构成元素之一，也具备着构成社区的主要因素，但是，它并不能满足绝大部分成员在各个方面的多种生活需求。与此同时，局部性社区也不能全面地展示出社会结构的体系。例如，我国城市的街道办事处辖区共同体、居委会辖区共同体。这些社区作为城市的构成部分，为居民的日常生活提供基础支持。其中，很多人的日常工作、文化教育、社交活动等，都是在本街道或者本居委会辖区范围之外进行的。

（四）社区的基本特征

1. 群体性

社区内的主体是聚居在一起的人群，这些人群以一定的关系（生产关系或社会关系）为纽带连接起来，进行着共同的社会生活，他们的行为和生活方式具有群体性特征。

2. 社会性

社区可以理解为聚居在一起的人们所组成的社会生活共同体，它具有社会属性，是组成整个社会的单元。按照社会生活的基本需求，社区内必须有基本的生活服务设施、规章制度和相关的管理机构。

3. 同质性

社区内的人群之间是因为存在着一定的社会关系或生产关系才聚居在一起的，因此他们之间有着较为密切的社会交往，有着共同的需求和利益关系，他们对社区有着情感和心理上的认同感和归属感。

4. 地域性

社区总要占有一定的地域，形成人类社会活动高度集中的地域空间，它以各种基础设施、生产设施和生活设施作为自己的载体。社区存在于一定的地理空间中，但它并不是纯粹的自然地理区域，而是社会空间和地理空间的结合。社区的自然环境形成社区的地理空间，它既是构成社区存在的最基本的物质基础，也是人们活动和社区发展的制约条件。社区内的各种社会关系、社会组织和社会文化等精神因素形成社区的社会空间，它既是人类社会实践的结果，也构成社区成员生产和生活、社区建设和发展的基本条件。社区就是社会空间与地理空间的统一，当然，二者不是一一对应的，如中国作为一个地理空间，其中就存在许多社会空间。社会不注重地域的概念，社会是指人类社会关系的总和，强调的是社会关系，社会群体和社会组织。

5. 共生性

社区由一定数量的人口构成，人们长期在一个地域内共同生活，形成共同的利益，也常常面临共同的社会问题，需要采取共同的行动来解决这些问题，因而在社区成员之间存在共同的需要。一个社区有其独特的社区意识，它通过社区成员共同的价值观念、行为方式体现出来，具体表现为社区成员共同的理想目标、信仰、风俗习惯和归属感等，社区意识可以增强社区成员之间的凝聚力。社区是具有相对完整意义和相对独立意义的社会单位，有自己的组织结构，其中既有生产组织、生活组织，也有管理组织和相应的管理制度，还有家庭、邻里等群体，使人们在群体中生活，并遵循共同的社会规范。这些因素的共同作用，使社区成为人们生活的共同体。社会则是由因社会分工不同而处于不同位置、担负不同职能，因而在思想观念、生活方式、行为方式等方面都具有不同特点的人们组成。与社区成员相比，社会成员之间的差异具有复杂性和多样性，社会成员之间的冲突和矛盾也较突出。在社会文化、社会规范等方面，社会成员之间的差别也较大。

6. 亲密性

同处于一个社区内，人们有共同的需求，经常进行共同的活动，有共同的生活目标，遵循共同的行为规范，因而人与人之间的交往频率较高。社区内存在多种群体，尤其是家庭、邻里、朋友群体使社区内的人际关系具有明显的初级关系特征，婚姻和亲属关系、邻里关系、朋友关系使人们处于"共同生活"之中，社区成员之间面对面接触频繁。社会成员之间的关系具有间接性和多元性，社会成员间的接触不一定是直接的、面对面的，社会成员之间也基本上不存在共同的行动和共同的生活。与社区成员之间的亲密无间的关系相比，社会成员之间的关系是比较疏远的，社会中的人际关系主要表现为次级关系。

7. 专门性

这是就社区的功能而言的。笼统地讲，社区具有多种功能，但具体到某个社区，其功能是很明确和专门化的。通常社区分为城市社区和农村社区，城市社区往往是社会中的经济、政治、文化中心，它的主要功能是向社会提供工业产品，农村社区则主要为社会提供农副产品。城市社区在功能上又分为商业区、教育区、工业区和生活区等等。社区功能的专门化不是指社区功能的单一性，而是指在多种功能中有一种主导性的功能。

（五）社区的基本功能

社区在我们的日常生活中具备许多不同的社会功能，丰富且多样。社区经济组织在经济领域承担着生产和商业活动，扮演着支持和促进社区发展的重要角色。社区承担了社区成员和居民的多种需要，具备着多种功能，例如社会服务、社会保障等。在社交和互动这一方面，社区具备着促进互相帮助、促进社会融合、增强社会交往能力等功能。与此同时，社区在国家生活领域，还担负着政治参与、社会监督和维护社会稳定等方面的责任和使命。

从现实意义的角度来看，社区所具备的不同功能拥有着极大的包容性特征，它们之间常常是相互关联、相互支持、相辅相成的。

1. 经济生活功能

社区和社会一样，在所具备的功能的重要程度方面，经济生活功能排在首位。因此，也可以这样说，社区就是一个微型的社会。在城市社区和农村社区中，各种经济单位，例如工厂、商店、公司和农场等，都起到了至关重要的作用。它们通过生产或采购，为社区的成员提供衣、食、住、行等基本的生活必需品，提供相对应的各项服务，使自身的经济功能可以得到良好的发挥，从而保证了社区能够正常运转，促进了社区的进步与发展。

2. 社会化的功能

在社会学领域，社会化是指人类对于社会文化进行接受的过程。具体来说，社会化指的是"自然人"或"生物人"成长为"社会人"，并逐渐适应社会生活的过程。在此过程中，社会文化能够得到传承和延续，社会结构可以获得维持与发展，而人的个性，也在这一成长的过程中，得以塑造和不断完善。

对社会成员起到社会化的作用的有社区中的家庭、学校、工作单位，以及来自社区之外的大众传播媒介，等等。社区社会化功能的最大特点是能够协调各种组织的活动，使社区的社会化活动形成一个有机联系的整体，从而在功能上达到最大的效果。只有社区的组织和活动才能使社区成员通过日常的交往等形成社会所倡导的行为规范、价值观念等，实现成员的社会化。

3. 社区的控制功能

社会控制旨在促使人们遵守公认的社会准则以维护现有的社会秩序。社区的构成、地位和作用使它能够维护社会秩序、解决社会问题、化解矛盾和冲突，并控制各种不稳定的因素。社区对其成员进行内部控制，是通过社会化功能，而组织和规章制度，则能够帮助社区对其成员实现外部控制。内部控制和外部控制共同发挥作用，保障了社会的稳定和可持续发展。

4.社区的参与功能

社区所具有的参与功能既可以为人们参加社会事务提供场所，也可以为人们提供参与民主建设和民主管理的机会。与此同时，在社区的发展过程中，居民的社会参与和民主管理起着至关重要的作用。社区不仅是人们认识社会、参与社会生活的最初场所，也是参与全社会的公共事务和国家政治生活不可或缺的前提条件。社区的社会参与功能，就是通过参与社区事务来参与更大范围的社会事务体现的。

5.社区的福利功能

现代社会的老年人赡养、职工下岗、残疾人救助和各种应急救助等问题，对社区的福利功能提出了更高的要求。社会福利具体包括社会保险、社会救济、社会服务、公共福利等等，它最终要通过多种社会服务，发动和组织社区的力量，为社区成员解决困难和提供各项福利，并通过社区的社会工作来加以落实。

（六）社区与社会及社会群体、社会组织的关系

1.社区与社会

其一，就范围而言，社区是整个社会的一个构成要素。社区是一个社会生活共同体——由居住在某一地方的人们组成。社区的人口、地域和各种设施以及管理机构都是社会的组成要素，而社会则是由许多不同种类的社区所组成。

其二，就内容而言，社区并不能涵盖社会的所有内涵和所有性质，但是社区是一个具备相对完整意义的社会实体。在一定程度上，社区是社会的缩影。社区是由一定的人口、地域、基础设施、管理机构、文化现象和思想意识等因素构成的，这些因素都是社会的主要组成部分。社会是由多种社会单位、现象和关系有机结合而成的整体，而并非只是简单地由许多社区组合而成。社会具备着超越各个具体社区的性质和特征，并遵循着不同于具体社区的发展规律和运行机制。因此，我们应当辩证地理解，从一方面来看，社区可以反映出社会中普遍存在的一些现象；从另一方面来说，我们需要认识到，社区作为社会的组成单位和缩影，并不能完全反映出社会的内涵和性质。

2.社区与社会群体、社会组织

第一，社区的内涵比社会群体、社会组织的内涵更加丰富。

在通常的情况下，社会群体——社会基本群体只是组成社区的最基本单元，相比整个社区来说，它的规模和作用非常有限。而社会组织是指由一群人所组成

的复杂社会群体，它旨在实现特定的社会目标和社会职能。与社区不同的是，社会组织只能满足人们的某一种或某几种需要，不能满足人们生活和发展的多种需求。同样的，它的功能也仅限于某一种或某几种的专业性功能，而社区则具备着多重的社会功能。

第二，社会群体和社会组织既有基于社区而存在的属性，同时也具备超越具体社区的特性。其一，社区是任何社会群体和社会组织不可或缺的存在条件，因为它们都存在于社区中。因此，每个社区都包括不同规模和不同程度的社会群体和社会组织，例如家庭、邻里、政党组织、政权组织、教育组织、企业等。与此同时，这些群体和组织也是社区的重要组成部分。其二，一些群体和社会组织，特别是那些较大的组织，并不受限于某一特定的社区。举例来说，许多跨国企业在各个城市都设有分支机构，以便更好地满足当地社区的实际需求。

由此可见，社区与社会群体和社会组织既有联系，又有区别，我们既不能把它们割裂开来，又不能把它们混为一谈。

（七）现代社会重新倡导社区的原因分析

国际社会对社区的关注始于 19 世纪末期遍布整个欧洲和北美大陆的社区睦邻运动。首先是英国牧师索里在伦敦倡导成立了第一个以济困为主要功能的社区服务组织——慈善组织会社。这种做法很快影响到了英国的其他城市和美国。继慈善组织会社活动之后，英美兴起了睦邻组织活动。1884 年，英国的巴纳德牧师在伦敦东区贫民区创办了社区睦邻服务中心——"汤恩比馆"。汤恩比馆成立后，睦邻组织运动在英国各地城市展开并蔓延到了美国和其他国家。美国于 1886 年创立了第一个睦邻公社，1889 年，在芝加哥成立了"胡鲁邻舍会馆"，后来这类组织发展成了各具特色的社区服务中心。进入工业社会后，特别是随着福利国家的兴起，这种共同体自然地弱化甚至在发达地区消亡了。

社区在发达国家衰落的同时却在发展中国家再度兴起，开始重返舞台。第二次世界大战结束后，许多新兴国家面临贫困、疾病、失业、经济发展缓慢等一系列问题。新兴国家要走工业化的道路，缺乏资源，依靠发达国家是不可能的，依靠本国政府的力量又远远不够。在这种状况下，一种运用社区民间资源、发挥社区自主力量的构想应运而生。1948 年，联合国在发展中国家发起了社区发展运动，20 世纪 50 年代初，联合国理事会在 390D 号议案中提出了用发展社区的方法来推动经济和社会的发展的设想，后制订了社区发展计划。1952 年，联合国专门建立了社区组织与发展小组，1954 年，联合国社会局社会发展组在亚洲、非洲、南美洲等地区推行社区发展运动，并取得了一定的成效。

社区共同体在发达国家自然弱化、消亡 20 年后，社区发展又一次被发达国家接受，重新成为推动社会发展的重要力量。发达国家的工业化道路，带来了人口大量流动、城市急剧膨胀、社会的大型化、大众传媒的普及等，导致了小社区的衰落和解体，社会成员越来越真实地从属于一个更广大的社会，而不是具体地归属于一个与他更贴近的生活共同体。但是工业化的负面影响却造成了个人的疏离感、无归属感和人们因丧失了熟悉的生活支撑体系而带来的孤立无援感，不符合人类的本性和需求。同时也导致了社会控制系统的失灵，造成了社会的中空化。人们开始理性地思考，要想避免工业化的负面影响，就要重视社区这个现代社会的细胞、公共管理的基本单位的建设。经由社区发展获得社会发展，这是全球人类对工业化社会经验教训的总结。

现代社会的社区实践是从发展中国家扩展到发达国家，由农村扩展到城市的。现在已有 100 多个国家在执行自己的全国性计划。社区发展已成为一项新的世界性运动。由此可见，现代社会人们关注社区、重新倡导社区，就是为了解决第二次世界大战后工业化时代全球遇到的社会发展问题。

二、城市社区的发展

（一）城市发展

我国自夏、商形成城市以来，城市经历了数千年的发展历程。据史料记载，西周时期，由于分封制的推行，各诸侯国的统治中心——首邑城市得到了普遍发展。至春秋战国时期，我国基本上形成了以政治职能为主，以王城居首、诸侯城列第二、卿大夫都（采邑城）列第三的三级城邑网络。秦、汉两代，伴随着郡县制的推行和经济发展，一方面，行政中心城市得到发展，在东汉，我国有县级以上城市 1076 个；另一方面，城市社区的商贸功能明显强化，商贸城市开始兴起。

魏、晋、南北朝、隋、唐时期，是我国封建社会走向鼎盛的历史时期，也是我国城市发展的重要阶段。在这一阶段，城市发展具有以下特征。

（1）城市（镇）数量增加，分布范围扩大，空间分布重心由黄河流域转移到了长江流域。

（2）百万人口以上的特大城市开始出现。

（3）兴起了一批手工业城市和河港、海港城市。

（4）国土开发范围扩大，地域经济繁荣，导致了边防军事重镇和大城市外围集市的兴起，成为我国小城镇发展的开始。

在此基础上，五代、宋、元时期，我国城市（镇）又有了进一步发展。宋代形成了由国都和府、州城、县城和市镇四级构成的城市（镇）体系。

明、清（鸦片战争前）时期，是我国封建社会经济发展相对停滞、资本主义开始萌芽的时期。

这一时期城市（镇）发展的主要特点表现为以下三个方面。

（1）小城镇大量兴起。

（2）城市（镇）数量进一步增加，等级规模结构渐趋均衡。

（3）长江、黄河流域的城市得到了进一步发展。

从鸦片战争到中华人民共和国成立的100余年，是我国逐步沦为半殖民地半封建社会的历史时期，也是社会现代化开始的时期。

这一时期的城市（镇）发展，具有以下特征。

（1）商埠开放，逐渐形成了以上海为中心，南北沿海、东西沿江两条贸易港口城市（镇）轴带。

（2）伴随着近代工矿业和铁路建设的发展，兴起了一批近代工矿业和交通枢纽型城市。

（3）大城市和小城镇两极分化，中等城市很少。

（4）城市的地域空间分布极不平衡。

中华人民共和国成立后，我国城市的发展受到经济、政治、社会等因素的影响，表现出如下一些特点。

（1）城市人口的增加以自然增长为主。

（2）城市发展受政治因素影响大。

（3）城市发展不平衡。

我国城市的发展在不同类型的城市和地区之间表现出明显的差异：第一，1979年以前，我国的大城市、特大城市发展较快，中小城市发展缓慢；第二，我国东部及沿海地区城市发展较快，内地城市则发展缓慢。

（二）城市社区的出现和发展

城市社区出现的主要途径包括：因防御的需要而出现；因优越的地理条件而兴起；因经济交换的需要而产生。

在我国古代，城市的出现和商业性的集市贸易有密切的关系。集市贸易不仅推动了城市的兴起，也保证了城市的发展。城市的出现是政治、军事、经济和自然因素的综合产物。

在农业时代，城市的发展是缓慢的；在工业革命后，城市的发展进程加快。在西方，工业化引发了城市化的潮流。由于工业的迅猛发展，大量的农村和小城镇发展成为大城市。机器工业需要大量的劳动力集中起来生产，导致大量的农村人口从农村流向城市。工业人口的集中又要求有一定的服务设施作基础。大工业生产出的大量产品也推动各类市场及相关设施的发展。在这些因素的作用下，城市的规模越来越大，城市的结构越来越复杂。

在中国，城市的出现和发展与政治、军事有关。古代的城市是统治臣民、管理国家的政府中枢，是防范外来入侵和应对战争的堡垒，城市的兴衰与朝代的更替有很大的关系。我国的大部分城市是在近、现代兴起的，尤其是沿海城市发展迅速。出现这种现象的主要原因是：帝国主义势力的侵入迫使沿海地区成为通商口岸，与此同时，发育较早的内地城市却在帝国主义政治、经济侵略下衰落。中华人民共和国成立后，我国工业经济的快速发展为城市的发展提供了千载难逢的时机，城市以前所未有的速度发展。

（三）城市社区的类型

（1）根据城市起源的不同背景、不同的人文生态布局，把世界城市划分为五类：第一，欧罗巴型。其特点是城墙包围着城堡，在市中心有市民集会的广场、大教堂以及工商组合的事务所（即后来的市政厅），城市由这些工商业市民管理。第二，阿美利亚加型。其特点是城市既没有欧洲城市中常见的城墙，也没有中心广场和大教堂、市政厅等，代之而起的是耸入高空的摩天大楼，水泥建筑鳞次栉比。第三，亚细亚型。其特点是在城市形成过程中起主要作用的不是市民，而是政治上的统治者：皇帝、国王或封建领主。第四，中东型。其特点是城市必须有伊斯兰教大清真寺和为游牧民、商队等设置的集市和商场。第五，其他类型。

（2）按人口规模把城市划分为小城市、中等城市、大城市和特大城市。在我国 100 万人口以上的为特大城市；50 万～100 万人口的为大城市；20 万～50 万人口的为中等城市；10 万～20 万人口的为小城市。在日本，特大城市、大城市的规定与我国相近，中等城市为 10 万～50 万人口；小城市为 1 万～10 万人口。

（3）按城市功能的不同，可划分为制造业城市、零售城市、批发城市、分化的城市、运输的城市、矿冶城市、教育城市、旅游城市、其他城市。

（4）按城市社区的发展程度，可以分为前工业城市，后工业城市。

（5）按城市社区的区位，可以划分为内围城市社区、外围城市社区、卫星城社区。

（6）在我国，按行政可把城市划分为中央下辖市、省直辖市、地区直辖市。

（四）城市社区的建设

1. 社区建设的前奏

因为社区是一个具有悠久历史的社会实体，人们对于社区建设的实践同样也由来已久。除了我国农村社区自古以来的互助、公益事业合作以及自治传统以外，还有很多其他的社区建设实践。

在中华人民共和国成立初期，城市的基层社区就开始着手进行一些基础性的社区建设工作。自改革开放以来，城市基层社区工作的范围得到了进一步扩展。特别是自 20 世纪 80 年代末以来，为了适应社会转型的需要，全国各城市纷纷推行社区服务行动。很多城市社区设立了社区服务协调领导机构，建立了一套管理机制，这套管理机制使责任分工更加明确，运行也更加有条不紊。通过制订社区服务的发展规划或计划以及实施相关政策法规，社区服务得以有序、有计划地发展。此外，还建立了社区志愿团队，很多有特色的社区服务设施也相继建立起来，形成了面对不同人群——老年人、残疾人、优抚对象、少年儿童、特殊困难人群等的各类便民服务项目，这些服务得到了广大市民的广泛认可和热烈欢迎。

以上实例能够表明，中华人民共和国成立后的许多年里，城市街道和居委会的各项工作，特别是从 20 世纪 80 年代后期开始的社区服务工作，为社区建设的兴起打下了坚实的基础。

2. 社区建设的产生

社区服务的普及和深入，带动了多项社区工作，但是因为没有合适的概念来概括这些社区工作，人们便把它们统统划入了社区服务的范畴，实际上其中有一些并不属于社区服务的内容，例如社区治安、社区文化等。因而出现了社区服务概念过分膨胀、名不副实的现象。从而亟需一个更加宽泛的名词来概括社区整体工作，以利于社区服务和整个社区的全方位发展。另外，社区服务和其他社区工作的开展表明，转型时期的党和政府、企业组织、居民群众，不仅需要社区服务，而且需要优美的社区环境、优良的社区秩序，还需要加强基层社区民主、法制建设，发展社区文化、教育事业，等等。换句话说，当今中国城市需要的是全方位地开展社区工作。在 20 世纪 90 年代初期，学术界和政府有关部门借鉴国外社区发展的基本理念，结合中国的客观实际，明确提出了社区建设的口号、思路。

3. 社区建设逐渐展开

在我国城市社区建设逐渐展开的过程中，上海发挥了带动作用，随后，北京、天津、重庆、南京等城市也开始了全市性的城市管理体制改革和社区建设工作。1999 年 8 月，民政部在杭州召开了全国城市社区建设实验区工作座谈会。会议认为，社区建设的工作目标大致包括三个层次：第一层次，建立与社会主义市场经济体制相适应的社区建设管理体制和运行机制，探索建立新型社区，逐步完善街道、居委会的服务管理功能，推进街居工作社区化、社区工作社会化。第二个层次，在加强社区功能的基础上，建设环境优美、治安良好、生活便利、人际关系和谐的文明社区。第三个层次，扩大基层民主，实行居民委员会的民主选举、民主决策、民主管理和民主监督。通过"四个民主"，实现社区居民的自我管理、自我教育、自我服务。这三个层次的目标并不是简单的递进关系，它表明了社区建设工作的基本层次和总的发展方向。会议提出，社区建设的运行机制可以概括为：党委政府领导、民政部门牵头、有关部门配合、街道居委会主办、社会各方面支持、群众广泛参与。社区建设的工作队伍包括专职人员、志愿者、社会中介组织和理论工作者四个部分。这为社区建设的大发展指明了方向。

（五）城市社区的特征

与农村社区相比，城市社区在人口、社会关系、组织结构、社区文化方面具有自己的特点。

1. 经济特征

经济特征：经济活动复杂，商品经济发达。从历史上看，城市的产生就是以手工业者和商人的聚集为基础的，近代城市社区是工业、商业、运输业、服务业等非农业产业迅速发展的结果。城市居民的主要谋生方式和主要职业是工商业。因此，城市经济的运作过程要比农业经济复杂，经济运行的生产、分配、交换和消费过程，都需要复杂的决策、计划、实施、管理、控制和反馈等活动，需要对各种资源进行合理配置。工商业经济的商品性强，其运转过程离不开商品交换活动，无论古代的小商品经济，还是现代发达的市场经济，都主要以城市为活动场所。较发达的商品经济使城市的经济结构复杂化。城市经济的本质特征是空间集中的经济，可以说，城市经济因人口、企业和各种活动的空间聚集而产生，又因空间聚集而发展壮大。空间聚集既是城市吸引力产生的原因，也是各类问题产生的根源。空间聚集使城市经济具有显著的聚集经济效应，这种效应意味着企业可以获得更高的利润。

2. 人口特征

人口特征：人口密度高，人口聚居规模大，社会成员的异质性高。人口密度高、人口聚居规模大是城市人口区别于农村人口的最显著的特点。城市本身就是人口密集聚居的结果，它的非农性质的社会特点、工商业为主体的经济结构，使城市既需要也能够容纳高密度、大规模的人口。许多研究发现，城市规模大，有利于提高城市的经济效益和社会效益，有利于提高城市对周边地区的辐射力和吸引力。不可否认的是，人口过分集中于城市，也会导致住宅紧张、活动空间狭小、交通拥挤以及犯罪和精神失常等社会病态现象的出现。

城市社区人口的高度异质化也是城市社区的一大特点。

第一，文化素质差异大。城市社区成员是由大专及以上文化层次（博士、硕士、学士）人口、中专（技校）或高中（职业高中）文化层次人口、初中文化层次人口和小学以下文化层次（小学、半文盲或文盲）人口等多种文化程度层次的人口群体组成。

第二，职业群体的构成多样化。在城市社区中，存在着不同类型的劳动者，包括产业工人群体、服务业劳动者、专业技术人员和行政管理人员等。每个职业群体内部都有不同的工种和亚职业群体。如今，随着职业结构的日益复杂化，社区成员的职业分化程度也在不断加大。

第三，居民的价值观念和生活方式呈现出多样化的趋势。由于社区成员的类型各不相同，他们的行为和生活方式也存在很多不同，因此，城市社区呈现出多姿多彩的文化现象和多样化的生活方式。

城市社区成员的异质化、城市生活的复杂性在一定程度上决定了社区建设和社区事务的复杂性。

3. 社会组织特征

社会组织特征：结构复杂，流动性强。与乡村社区相比，城市社区的组织规模大、数量多、内部结构复杂，正式组织占主导地位。城市社区组织的显著特征是组织结构科层化。科层制组织是现代社会组织的一种宝塔式的组织结构和管理模式。组织系统存在监督机制，组织由多个部门按平行关系和垂直关系组成，各部门的职责、权限都有明确的规定。有明确的规章约束组织成员，组织成员要掌握一定的专业知识和技术。各种组织均为次级群体，成员以专业联系为纽带，业缘关系取代了亲缘关系，城市社区成员之间的交往主要是不同社会角色之间的非人格化的交往。城市社区组织体系非常复杂，组织系统多元化，有国家权力机关、行政机关、司法机关，有企业、事业单位，还有日益兴旺发达的社会中介组织，并且各组织系统之间又存在千丝万缕的关系。同时，人口过密，社会政治、经济、文化活动高度集中，导致社会关系复杂、社会矛盾冲突增多、社会成员的社会流动性加大。

4. 社会交往特征

社会交往特征：非个性化。城市社区人口具有异质性和高度流动性等特点，使城市社区的社会关系具有匿名性，非个性化特征明显。

城市社区成员要同大量的陌生人交往，即使熟悉的社区成员之间也不如农村社区成员那样经常见面。由于人际关系的疏远，人与人之间容易产生疏离感和相互戒备意识，这就产生了社会交往的匿名性。这种匿名性，一方面使个人的活动范围较少受到社会约束，另一方面也给人们相对较多的成功机会。

非个性化也称为非人格化。城市人口众多，社会关系又不固定，使社会交往表面化，同时，城市社区的社会分工程度高，又使人与人之间产生各种需求和依赖。因此，人们在日常交往中容易采取对事不对人的态度，对每一件事的态度和处理方式，仅限于程式化的过程而没有任何感情的投入。城市居民在这种异质性很高的社会环境中，慢慢地产生较为宽容的态度，也就是"见怪不怪"。这种求同存异的心态使新生事物甚至稀奇古怪的东西都能够在城市立足，这种宽容性使城市居民能够多元化地发展。

5. 社区心理特征

社区心理特征：理性化、功利化。从经济学的角度讲，理性的基本含义有两个方面：其一是指个人理智地计算自己的利害得失；其二是指个人追求自己的利益最大化。显然，理性与冲动相对。这种理性在城市现实生活中的表现，就是市民以效率和效能作为衡量和评价日常生活的标准，凡事讲求效率，权衡利弊，且时间观念强。与此相关，市民心理的功利性明显。这一特点主要表现在两个方面：一是讲求实效；二是讲求实惠。城市人注重结果，注重切身利益，这是讲求实效的一面；讲求实惠则是指对现实的、当前的利益感兴趣，对与己无关的事情则漠不关心。市民心理上的理性化、功利化，也从人际交往的情感淡漠中体现出来，利害得失重于情感得失，使城市人看起来孤独、冷漠。

6. 社会生活特征

社会生活特征：生活质量高，生活内容丰富多彩，生活节奏快。城市居民的生活质量和生活水平比农村居民高。生产方式的两个方面就是生活质量和生活水平，前者反映生产方式质的一面，后者反映生活方式量的一面，其具体表现为人们生活需要的满足程度。不管从历史上看，还是从现实来看，无论是在发达国家，还是在发展中国家，城市居民的生活质量和生活水平都高于农村居民。之所以出现这种现象，是因为城市经济社会发展水平高、城市居民的收入水平高，相应的，城市居民的消费支出水平也高。城市基础设施、生活设施的复杂性、完备性要高于农村社区，为城市居民提供了良好的生活环境和生活条件，使他们的物质生活和精神生活的内容都比农村居民丰富。城市的经济社会活动的特点决定了城市生活的快节奏。城市工商业经济活动、社会文化活动都是高效率、快节奏的。城市也是新的生活方式的策源地，城市生活具有易变性，新的时尚容易流行，新的思想、观念容易产生、传播，使城市居民的生活紧张程度高于农村居民。

三、城市社区体育

（一）社区体育的定义

就目前而言，"社区体育"的定义主要涵盖以下几个方面。

社区体育是在一定区域内开展的体育活动；

社区体育的主体是社区居民；

社区体育的目的是娱乐和健身；

社区体育是群众体育的重要组成部分。

因此，我们可以将社区体育界定为，社区居民在社区内开展的以娱乐身心、促进健康为目的的群众性体育活动。社区体育是群众体育的重要组成部分。社区体育以社区内体育资源（人力、物力、财力）为基础，以全体居民为服务对象，以促进居民体育锻炼、提升身心健康水平为目的，它是由社区居民自主进行的简便易行、喜闻乐见的多种多样的身体锻炼活动，具有自主性、公益性、多样性、趣味性、服务性等特点。

从目前我国社区的形成来看，我国社区主要是指城市社区，是以行政管辖范围来划分的区域性社区，不像其他许多国家那样是自然形成的社区。从社区范围看，我国社区主要是指街道管理下的基层社区，也不像国外许多国家那样一个城市就是一个社区。从社区居民结构看，我国社区居民素质参差不齐，关系不密切，共同的目标不明确，联系居民之间的纽带不紧密，居民之间几乎处于松散状态。因此，对社区体育的理解，要立足于我国社区的实际情况，既要强调社区体育的区域性特征，又不将社区体育限定在行政划分的区域内；既要将社区体育的理论和实践与对社区体育的行政管理相区别，又要强调社区体育的基础目标和本质功能；既要认清社区体育的时代特征，又要以发展的眼光看待社区体育的发展。

（二）社区体育的基本特征

1. 健身性与娱乐性

社区居民开展体育活动的主要目的是健身和娱乐。居民自主进行或参与社区组织的体育活动的动机不是为了提高体育运动竞技水平，而是为了增强体质，提高健康水平，丰富自己的文化生活，达到身体健康、心情舒畅、精神愉悦、健康长寿的目的。因此，健身性和娱乐性是社区体育活动的主要特征，也是社区体育工作的出发点和根本任务。

2. 自由性与自主性

社区居民开展体育活动的形式主要是自发的。每个居民都可以按照自己的爱好、特长、需求和目的，自主选择活动的项目、时间、地点及参与的方式，既可以自娱自乐，也可以加入社区体育组织，还可以与有相同兴趣爱好的需求者自由组合活动，充分体现了社区体育活动的自由性和自主性。

3. 保障性与市场性

社区是社会的最小组成部分，社区居民的健康水平和邻里关系关系到全社会的经济发展和社会安定团结。社区体育的主要任务是促进社区居民开展体育健身活动，提升居民体质健康水平；同时，通过组织体育活动，加强居民之间的情感交流与沟通，构建和谐的社区。因此，我国政府十分重视社区体育工作，既在政策和法规上保障了居民体育健身的权利，同时在社区体育场地设施建设、社区体育健身指导、社区体育活动经费、社区体育公共服务等方面投入了大量财力、物力和人力，保障社区居民开展体育健身活动的基本条件。同时，由于政府的财力有限，不能满足部分居民对体育健身条件的更高要求，因此，政府出台政策，积极鼓励体育服务企业向社区居民提供体育健身服务，走市场化道路，居民可以根据自己的财力和需求，向体育服务企业购买相应的体育健身服务。保障性服务与市场购买服务相结合，将是未来长期存在的社区体育健身服务的主要方式。

四、城市社区体育的发展

（一）我国城市社区体育发展的现实基础

（1）社区体育不仅有就地、就近、方便的特有优势，而且能充分发挥体育的社会交往功能，密切人际关系，为离退休老人提供较理想的业余生活天地。从组织管理角度看，社区体育还具有集约化的优势。在某种程度上，这种组织形式能更充分有力地利用社区内的经费、场地和条件（社区内的各单位团体各尽所能，有钱的出钱，有场地的出场地，有人的出人），更经济地组织体育活动，这一点对社区体育的开展十分重要。

（2）我国有许多现代化的大中型体育场馆和体育设施，并逐步向社会开放。如在上海虹口体育场的倡议下，上海多数体育场和体育馆（包括健身房）已全部向社会开放，推动了群众体育的开展，为社区体育的发展提供了有利的条件；不少厂矿和学校也均有较好的体育场地和设施，将这些场地设施在休息日向群众开放，不仅可以丰富学生和职工的生活，还能够促进职工和居民的体育活动；另外，各居民区还有许多公园、广场、空地，为群众性体育活动的开展提供了便利条件。

（3）各社区都有较完备的行政组织和民间团体。社区体育有一定的组织形式和体育指导员。

我国社区体育的主要形式有两种：街道社区体协和体育活动站。它们管理协调着本地域居民的社会生活，并负责沟通居民与社会的关系，为社区体育的发展提供了保障。

（二）我国城市社区体育发展背景

20世纪80年代，随着我国改革开放，西方现代城市治理的先进理论被引入我国城市治理的实践，城市社区建设在我国开始兴起，社区体育也成为一种伴随着社区建设而兴起的社会体育现象。20世纪80年代中期，中国科学院社会学研究所为了适应我国城市的快速发展需要，将中国城市发展模式研究作为研究重点，开始了对我国城市发展战略的研究。城市社区体育文化发展模式也成了广大学者的研究对象，中国社区体育的研究正式开始。1989年，天津市河东区首次提出"社区体育"的概念，随后社区体育活动、社区体育竞赛、社区体育服务在全国各城市社区蓬勃开展。2008年北京奥运会后，随着我国城镇化步伐的加快，体育体制改革的不断深入及经济社会的不断发展，社区体育成为我国群众体育的重要组成部分，成为"健康中国"建设的重要阵地，受到了中央政府的高度重视，在国家"十二五""十三五"发展期间，社区体育得到了空前的发展。

（三）我国城市社区体育发展历程

1. 自发形成阶段（1986—1995 年）

自 1986 年开始，随着我国改革开放的进一步推进，群众体育工作也开始发生变化。北京、天津、上海等大城市的街道办事处以辖区行政划分的社区为单位，组织开展了一些群众身边的体育活动，并且成立了街道体育协会。据文字资料记载，1989 年，天津市河东区二里桥街道最先提出"社区体育"一词。最早从政府行政部门高度提出与"社区体育"相关概念的是民政部，民政部在 1989 年为了提高对城市居民的服务，提出了"社区服务"的概念，组织居民开展体育活动，这也是社区服务的内容之一，因此，从那时起社区体育才真正得到了开展。1991年 7 月，为了进一步推动全国社区体育工作的开展，原国家体委在天津召开了我国第一次社区体育工作研讨会，随后，社区体育在我国逐步发展起来。

2. 政府推进阶段（1995—1997 年）

1995—1997 年是我国社区体育发展的关键时期，期间政府行政部门按照我国社区体育发展的需要，先后出台了促进社区体育发展的方针、政策。1995 年 6 月国务院印发了《全民健身计划纲要》，同年 8 月全国人大批准颁布了《中华人民共和国体育法》，1996 年国家体委在湖北召开第一次全国社区公共体育工作会议，1997 年国家体委、教委、民政部、建设部、文化部联合下发《关于加强城市社区体育工作的意见》，这些方针政策为我国社区体育发展指明了方向，奠定了坚实的政策基础。

3. 加速发展阶段（1997—2008 年）

1997—2008 年是我国社区体育加速发展时期，国家和地方行政部门先后出台了社区体育工作标准，组织开展了争创体育先进社区活动，推动了我国社区体育的快速发展。1997 年国家体委印发了《全国城市体育先进社区评定办法（试行）》，1998 年国家体委下发《关于开展第一批全国城市体育先进社区评定工作的通知》，2000 年 12 月国家体育总局下发了《2001—2010 年体育改革与发展纲要》，2006年国家体育总局发布了《体育事业"十一五"规划》。

4. 快速发展阶段（2008 年至今）

自 2008 年北京奥运会之后，中央政府将建设体育强国提上议事日程，认识到群众体育是体育强国之本，群众体育越来越受到各级政府的高度重视，社区体育作为城市群众体育的落脚点，得到了快速发展。2010年国家体育总局修订完善了《城市体育先进社区评定办法和标准》《社区体育俱乐部创建标准、申报办法》，大力推进"全国城市体育先进社区"评选工作，积极组织开展"创建国家级社区体育健身俱乐部""全国社区体育优秀健身项目展演""社区体育健身俱乐部管理人员培训"等一系列活动，有力地推动了社区体育的快速发展。2014年10月国务院印发《关于加快发展体育产业促进体育消费的若干意见》，2016年5月体育总局印发《体育发展"十三五"规划》，2016年10月中共中央、国务院印发《"健康中国2030"规划纲要》，2023年住房和城乡建设部办公厅、体育总局办公厅印发了《关于开展"国球进社区""国球进公园"活动进一步推动群众身边健身设施建设的通知》，我国社区体育进入了新的跨越式发展时期。

五、城市社区体育指导员

（一）社区体育指导员的内涵

从严格意义上讲，社区体育指导员是持有社会体育指导员证书，面向社区居民的实际需要，进行技能传授、锻炼指导和组织管理的人员。在实行《社会体育指导员等级制度》之前，许多社区就活跃着一批社区体育骨干分子，他们往往在某个项目上有专长，乐于助人，善于表达，在群体锻炼中逐渐成为中坚力量，被其他锻炼者尊为师傅。还有一些社会体育团体，如太极拳协会、武术协会等，从本组织中选派一些骨干分子，到公园或健身苑宣传指导社区成员健身。有的是义务指导，有的是有偿服务，随着《社会体育指导员等级制度》的逐渐完善，一些未取得等级证书的人可以接受培训，全面提高自己，取得相应证书进行社区体育指导。

社区体育指导员是社区体育发展的推动者，是促进体育发展的重要力量。由于目前我国社区体育指导员在数量、质量和综合素质上不能满足现实需求，在社会体育中还不能处于主导地位，但随着社会体育的发展、社会体育组织和社会体育指导员体制的健全，在未来的社会体育发展中，社区体育指导员的地位会越来越高，将是社会体育发展的中坚力量。

（二）社区体育指导员的特点

1.非职务性

社区体育指导员是指具备社会体育指导员资格、在社区从事体育指导工作的人。其执业资格须经专业评审，由各级体育行政部门和国家体育总局认定，分为国家级、一级、二级、三级四个技术等级。社会体育指导员等级制度不同于教练员等专业技术职务制度，而类似于运动员、裁判员等技术等级称号制度，故与岗位、工资不挂钩。

2. 社会服务性

社区体育指导员为社区成员的体育健身提供科学指导。提供的服务方式主要有两种。一种是义务性服务，许多资料表明，社区体育指导员多以兼职为主，提供义务服务。另一种是有偿服务，体育指导员在传授技能、进行锻炼指导时，收取必要的费用，用于弥补相关开支。社区体育指导员的服务不以营利为目的，突出社会效益。

3. 工作内容的复杂性

在社区体育活动中，社区体育指导员不仅需要对社区成员进行现场技术指导和健身咨询，还需要有使用和维护多种运动健身器材的技能，同时还要有运动心理和生理、医疗保健方面的知识以及自身健康的形象。另外，为了扩大社区体育的影响，社区体育指导员也需要有良好的公关能力。

4. 工作对象的广泛性

参加社区体育的成员，包含了社会的不同阶层，他们年龄不同、职业各异、文化程度不一，对体育锻炼的需求动机和认知水平也各不相同。从活动的内容和指导方式看，涉及面广。进行体育指导时，社区体育指导员对不同对象采用不同的健身、健美、休闲娱乐、康复体疗指导方法。

5. 活动指导的平等性

社会体育指导员与社区成员处于平等地位。社区成员是整个体育活动中的主体，社区体育指导员提供服务和指导，并营造一种宽松、和谐、民主、互帮互学的锻炼氛围，促进邻里关系和社会交往。

（三）社区体育指导员的职责

社区体育指导员的指导对象是社区居民，这就要求他们必须根据居民的收入水平、年龄结构、价值观念、学历程度、体质状况有区别地指导。社区体育指导员应履行的具体工作职责如下。

1. 增强社区成员的体育参与意识

目前，我国有将近一半的人不参加体育锻炼，其中多数为家庭负担和工作压力最重的中年人。国家医疗卫生部门的有关调查材料表明，在一些外资及合资企业中，有相当一部分年轻雇员患上了高血压、动脉硬化、冠心病，甚至脑中风、心肌梗死等。有些年轻雇员因此丧失了全部或大部分劳动能力，而他们中的大多数人是公司的业务骨干。这一现象使我们认识到关爱生命、善待自己是每个人对社会的责任。为了唤起中青年人参加体育的意识，社区体育指导员应利用社区宣传媒介，进行体育健身的宣传，组织体育比赛，营造体育氛围；邀请体育界、医学界、心理学界等专家来社区做宣传演讲，从而调动中青年参加体育活动的积极性。总之，社区体育指导员要通过各种途径，使社区成员加入全民健身的队伍。

2. 积极组织居民参加体育活动

社区体育指导员在社区成员的体育活动中，充当着参与者、指导者、管理者等多重角色。在公园、健身苑等体育场地，社区体育指导员要带领已掌握技能的成员共同练习；对新加入者介绍方法原理，示范领练。另外，社区体育指导员自身也要不断学习和掌握新的体育项目，以适应社区成员需求的变化。一个社区体育指导员就犹如一个市场策划者，把自己的服务首先介绍给居民，而后经过发展、成熟，提供新的服务。社区体育指导员应开展社区间体育比赛和组织经验交流，来推动社区体育发展。

3. 科学指导体育活动

如果不从自身实际条件出发而盲目地进行体育锻炼，非但起不到锻炼效果，还可能会损害身体健康。有的成员因为不知道如何锻炼身体，而只是饭后散散步或在家看电视、打牌来打发时光。社区体育指导员应根据社区成员个体的体质状况和健康水平，有的放矢地指导，让社区成员有章可循、循序渐进地掌握身体锻炼方法。提高身体素质，充分科学地使用健身器材也离不开体育指导员的有效指导。定期或不定期地进行科学健身授课，是社区体育指导员工作的一部分。

4. 挖掘体育文化内涵

目前，我国已全面建成小康社会，与经济水平提高相伴随的是人们消费结构和方式的变化，人们对教育、娱乐、文化及体育的需求日渐增多。体育不仅带给人们健康、强壮的身体，也使人们感受到参加体育活动所带来的轻松与潇洒、愉悦和自信。通过身体练习来完善自身的体育活动，体现着民族的传统文化和创造者与参与者的文化底蕴。社区体育指导员把体育文化介绍给社区成员，使他们从深层次体会着体育带来的意境。也只有这样，才会使人们热衷于体育锻炼。

5. 充分利用学校场馆设施，提高社区成员锻炼效果

社区内的学校体育场馆设施大多数已对外开放，社区体育指导员利用就近场馆教授相应的技能来丰富社区成员的健身项目，并发挥体育老师对社区体育的作用。

（四）社区体育指导员的素质

1. 思想素质

社区体育指导员要坚持社会主义道路，有较高的思想政治觉悟；要热爱社区体育工作，有强烈的事业心和责任感；要有自觉的法制观念和良好的道德修养，依法开展工作。

2. 科学文化素质

一个合格的社区体育指导员应具备广博的知识。社区体育指导员的专业理论水平，不仅影响其个人才能的充分发挥，而且是影响群众信赖和锻炼指导的一个因素。社区体育指导员应具备的知识主要包括：锻炼指导知识和组织管理知识。锻炼指导知识包括体育锻炼的基本原理，体育锻炼的生理学、医学和心理学知识，以及各种体育技能的教学、训练和科学健身的理论知识。组织管理知识主要指社区体育政策、法规的基本精神，同社区体育相关的经济、文化方面的政策法规，社区体育管理的原则与方法，社区体育活动的组织形式和工作计划，以及各种体育活动与竞赛的组织管理方面的理论知识。

3. 业务素质

社区体育指导员所掌握的理论知识，只有应用到实践中，才能促进社区体育的发展。社区体育指导员的工作能力主要体现在组织管理能力和锻炼指导能力上，具体表现为对社区体育的宣传发动、计划总结、组织实施等方面的能力；具有简洁明了、富有感染力的语言表达能力和准确无误的示范表演能力；善于协调各个方面关系的能力；敏锐地观察、分析问题和评价锻炼效果的能力等。

4. 生理、心理素质

社区体育指导员既是指导者，又是体育锻炼的实践者。精力充沛、身体健康是体育锻炼效果在社区体育指导员身上的体现，是吸引社区成员积极参加体育锻炼的一种感召力。体育具有消除沮丧和焦虑、缓解紧张、调整心态的功能。一个优秀的社区体育指导员，应该是豁达乐观、积极向上、拥有良好心态的指导者。这种心态可以迁移到锻炼者身上，使他们每日拥有一个轻松愉快的心情。

六、城市社区体育建设的运行机制

（一）领导机制

自上而下形成推动力，是社区体育建设顺利进行的关键。这就需要加强体育行政部门、民政部门对社区体育建设规划的领导，加强部门间的协调，形成共建的合力。

1.建立领导机构，实行联席会议制度

社区体育建设和社区管理的加强，需要相关部门的共同参与。每个部门都有需要承担的任务与职责。假若有任何一个部门没有尽到职责，那么社区的功能将会受到影响，从而也会影响社区的体育建设和管理。

随着社区体育建设的推进，不少部门已经认识到社区这个工作平台的重要性，纷纷把工作重点放在社区上。但是，仍存在着各自为政的情况，还没有形成社区体育建设的合力。社区体育建设涉及的部门多，有的还牵涉部门之间利益的冲突。基于这种情况，建立一个领导机构，把各个部门的力量整合在一起是十分必要的。因此，省、市、区、街道要成立有党政主要领导参加的社区体育建设工作委员会，负责协调各部门在社区的工作，研究解决社区体育建设过程中出现的问题等。为了使这个工作委员会切实发挥作用，可以实行联席会议制度，由各成员单位的负责人定期召开会议，研究解决社区体育建设和管理中出现的具体问题。

2.加强信息沟通与合作，发挥创建活动的推动作用

制定社区体育建设和管理考核的综合指标，借助卫生城市、文明单位创建，把社区体育建设作为载体，统筹安排各种活动，分工负责，形成各部门、各项建设互为促进的局面。

（二）政策引导和激励机制

如果把党政领导作为社区体育建设外在的推动力，那么社会力量支持、广大居民参与就是社区体育建设的内在动力。只有内力和外力的共同作用，才能把社区体育建设好。为此，必须找准社会力量和居民与社区的结合点，制定相应的政策，建立激励机制，使社区体育建设长久、持续、健康地开展。

1.建立激励居民参与政策

广大居民的积极参与对于社区体育建设来说，是至关重要的。为了动员居民参与，需要对居民进行分层和分类，并针对不同层次、不同类型的人实施不同的激励措施。

首先，需要组建一批社区体育志愿者队伍。志愿者们对于社区体育公益事业是热心的，他们愿意为居民服务、投身于社区体育公益事业。而社区的文明程度，也反映在志愿者队伍的规模上。政府对这部分人会予以不同形式的表彰。

其次，需要对具备技术优势的居民进行记录，使他们能够充分利用自身所具备的专业技能为社区居民提供服务。对于这部分人所提供的劳动，可提供一定补助。还可以尝试实行"时间储蓄"，也就是将自己为他人提供服务的时间记录下来，以后当自身需要服务时，可以用这些时间来换取同等时间的服务。假期，可以与学校的社会活动安排相结合，对于社区体育活动进行策划，吸引广大青少年的积极参与。与此同时，老年人在社区中同样扮演着非常重要的角色，应当重视他们在社区的作用。不仅要组织好老年人的体育活动，让他们能够享受到生活的乐趣，老有所乐，还要鼓励他们为社区作出力所能及的贡献。通过实施各种不同的激励政策，鼓励居民积极参与社区体育建设，加强居民的社会责任感，提升居民的社区归属感。

最后，应当通过利益关系，调动居民的参与意愿，提升居民参与的积极性。我们应当注重通过居民的共同需求和共同利益来激励他们积极参与社区体育建设活动，从而让他们能够在社区体育建设活动的参与过程中获得实惠。

2. 鼓励社会力量进社区

社区体育建设与管理完全依靠政府，必然走上政府包办社会事务的老路。因此，必须发动方方面面的力量，尤其是社会力量参与，要动员社会力量支持社区体育建设，培育社区中介组织，建立激励机制。

一要通过政府委托和利益驱动，使社会力量进社区。社区与居民紧密相连，而居民是消费的终端。社区这个大市场，对社会力量具有一定的吸引力。政府在社区举办的体育建设项目，可以通过招标等形式委托中介组织办理，提高这些组织为社区作贡献的积极性。要通过发布信息、提供条件等途径，鼓励社会力量兴办社区体育事业。

二要制定和完善鼓励扶持中介组织积极参与社区体育建设的政策法规，包括资金、项目、场地、税收等优惠政策，为中介组织参与社区体育建设事业提供良好的制度条件。同时，政府要出台有关社会力量进社区的服务规范标准，实施有效的监督。

（三）社会投资机制

社区投资仅靠政府很难负担，因此，建立政府投资和社会筹资相结合的资金筹措机制是解决社区体育建设资金短缺的重要手段。

1. 吸引社会力量投资社区体育服务业

社区体育服务是社区体育建设的龙头和骨干，是新的经济增长点，是安置下岗职工的有效途径，已成为共识。随着形势的发展，需要出台新的发展社区体育服务的优惠政策，吸引社会投资，形成社会化的投资机制，使社区体育服务走社会化、产业化的道路。

2. 改革现行体育彩票、足球彩票、福利彩票的发行制度

由各社区合理布点，选派售票人员，这样既可以解决一部分特困人群的就业问题，社区也可以从中获取一定的销售佣金。吉林省四平市足球彩票、福利彩票销售就是按这种方式操作的，是一个成功的经验，值得推广。

3. 强化建设资金的使用管理

加强对社区体育建设资金从筹集、使用到监督等方面的制度化管理，对资金使用进行严格的审批和监督，保证社区体育建设资金的专款专用。

（四）发挥民政部门的牵头作用

1. 基础作用

民政工作的特点基层性、社会性、群众性，是直接面对广大群众的工作。社区建设是城市民政工作的载体。社区自治组织在社区体育建设中起着基础性的作用。要做好民政工作，就必须在基层寻找着力点，必须紧紧依靠社区居委会。只有组织建设好了，在社区有了阵地，各项工作才能在社区找到立足点，才有体育建设工作的平台。

2. 推动作用

民政部门在社区体育建设中起着推动作用。主要表现在以下几个方面：一是通过调查研究社区体育建设的状况及存在的问题，给政府当好参谋助手。二是抓好试点工作，总结推广经验。尤其是在社区体育建设处于起步阶段，要从社区体育建设本质要求出发，选择不同类型的城区、街道或居委会，分别进行社区体育建设试点，并及时总结试点经验，然后通过各种行之有效的途径进行推广。三是通过评比表彰，进行示范引导。评比表彰是推动工作的有效方式，也是民政部门推动社区体育建设工作的一项职责。评比表彰先进社区、先进集体和先进个人可以树立榜样，起到示范引导的作用。四是开展社区体育建设的宣传、培训工作，营造开展社区体育建设的舆论氛围。同时还要大力培训社区体育建设的组织人员和骨干分子，使他们掌握较为系统的专业知识，以利于社区体育建设工作的深入。

3. 协调作用

民政部门通过制定、修改有关社区体育建设的法规、标准和考核办法，把各有关部门的工作纳入标准，提交相应的机构讨论通过并实施，同时，还要协调有

关部门督促、检查这些法规、标准和考核办法的执行情况，督促各项工作的落实。协调作用还表现在，协调有关部门，定期解决社区体育建设中出现的问题，为社区体育建设的顺利开展创造条件。通过对社区体育服务业的认证，规范社区体育服务业，并开展社区体育服务业的监督和管理工作，有利于促进社区服务走规范化、社会化、产业化的发展道路。

七、国外社区体育发展对我国的启示

（一）芬兰

芬兰是北欧的发达国家之一。芬兰负责国家体育的机构主要是教育和文化部，该部门的职责主要是通过立法和财政手段指导体育政策，为体育活动的开展创造有利条件，并监督体育竞赛活动中的道德行为。

芬兰在社区体育发展过程中主要做法及启示如下。

（1）国家体育资金大多数用于建设体育设施，提供体育公共服务

芬兰的国家体育发展资金主要由两部分组成：政府财政预算、彩票公益金。这种状况与当前我国体育发展资金的来源较为相似。芬兰国家体育发展资金中的大多数用于建设体育场馆设施，为社区居民提供体育公共服务。充足的体育场馆设施对于提升社区居民的体育参与程度起了重要作用。

（2）地方体育俱乐部是社区体育资源的重要组成部分

芬兰的体育公共服务主要由各种各样的体育俱乐部来提供，体育俱乐部的运营经费主要由地方政府补贴。体育俱乐部的快速发展对于促进芬兰大众体育的整体发展起了重要的推动作用。

（3）体育秘书是芬兰社区重要的公共体育资源

体育秘书是芬兰社区体育公共服务供给的主要执行者，相当于中国的社会体育指导员。不同的是，芬兰体育秘书一般是专职的，是享受政府专门补贴的，而我国社会体育指导员大多是兼职的，很少享受补贴。芬兰政府专门划拨一部分资金补贴到各地区，用于聘请体育秘书对社区居民进行体育健身指导。

（二）美国

美国是目前世界上最发达的国家，其体育发展水平代表着目前世界最高水平。美国社区体育建设起步较早。社区体育休闲公园建设是美国政府在社区体育建设中的重要抓手。社区体育设施建设是和社区体育休闲公园建设同步进行的，休闲

设施和体育设备相结合的目的是满足社区居民的体育健身和生活娱乐的需求。公园的设置是按照社区规模的大小、人口数量的多少来规划的。有居民居住地的小型公园、街区范围的中等公园，也有比较大的社区公园。各种类型公园的建设都是在自然景观的基础上配备相应的体育设施。体育设施则根据居民健身需求，并按照一定的比例配置。一般公园都配备有常规体育项目场地，也有其他多样化的生活活动设施，如小型商业点、儿童游乐场、野餐区、散步道等。

美国社区体育发展的特点与启示如下。

（1）注重社区体育设施建设和体育活动服务的层次性

美国非常注重不同层次的社区体育活动服务体系建设，按照不同层次、规模的社区及群体需求，进行不同规格的体育设施配置和提供不同的服务。它能够更好地满足不同范围、层次的社区体育活动的组织与开展的需要，满足不同人群的体育需求。

（2）强调社区体育的休闲特征

工作和休闲是人类活动的两个重要方面，社区是人们日常生活的地方，更是休闲的重要场所，这一点在美国人的生活中体现得特别明显。社区体育活动是美国人生活中的重要休闲方式之一，因此，美国在社区体育设施的建设与配置时，同步配备有休闲设施，体现出休闲的生活态度。

（3）加强社区体育俱乐部的建设

社区体育俱乐部是美国社区体育发展的主要形式。联邦政府和州政府都非常注重社区体育俱乐部的建设，在不同时期都出台扶持政策，以促进社区体育俱乐部的发展。美国社区体育俱乐部的日常管理基本上都是政府扶持下的自主经营，俱乐部运行经费主要来自政府拨款、会员会费和社会资助，居民根据自己的爱好、需求，选择自己喜爱的俱乐部参加体育活动。

（4）倡导社区体育建设的多元化投入

联邦政府立法，保障社区体育的建设用地。在社区体育设施建设方面，以政府出资为主导，同时鼓励、提倡社会团体和个人投资建设，形成政府、社会、个人共同参与社区体育建设的多元化投入方式，保障了社区体育建设的快速发展。

（5）推行社区体育管理的行政化和制度化

由于美国社区体育设施大多建在社区公园，具有休闲与体育的特征。因此，社区体育管理的职能部门一般是公园和休闲委员会，下设三个部门：筹划部、活动服务部和综合部。美国社会是一个崇尚法治的社会，立法是各级政府的重要工作之一。社区体育建设、管理、运行都是以法律和制度为依据的。例如，在社区体育建设用地和设施建设标准方面，都有相应的法规、规定。

（三）日本

日本是亚洲重要的发达国家，日本政府非常重视国民素质的培养。在体育发展方面，1972 年颁布的《关于普及振兴体育运动的基本计划》起了巨大的促进作用。在社区体育建设中，对社区体育的发展规模和场地、器材设施的配置标准及管理机制等方面，在《关于普及振兴体育运动的基本计划》中都进行了明确的规定。

这些规定有力地促进了社区体育的发展，完善了社区体育的管理和建设。日本社区体育发展的启示如下。

（1）注重在社区体育中传承民族体育文化

日本政府在发展社区体育中，非常注重体育项目的民族性特征，大力推行民族传统体育在社区居民中的传承与发扬。柔道、剑道是日本的国粹，棒球和垒球也是日本国民非常喜爱的体育活动，柔道、剑道及棒球和垒球是必须设置的项目。

（2）实行多元化社区体育管理体制

日本在社区体育管理方面，政府机构只负责管理社区体育的宏观规划与发展。社区体育发展的具体事务一般由社区内设立的体育组织来负责，社区体育组织包括市区町村级的体育协会、体育指导员协会、休闲协会等。同时，日本政府大力鼓励社会上的财团、企业、个人等在社区内投资建设体育中心、体育组织、体育俱乐部等，这类组织有自己的体育设施，经济独立，自负盈亏。

（3）社区体育资源使用共享化

在体育设施建设方面，日本和大多数国家一样，大部分体育设施建设在各级各类学校里。为了解决社区居民体育健身实施不足的问题，1976 年 6 月，日本文部省颁发了《关于推进学校体育设施开放》的规定，要求各级各类学校在不影响教学的情况下，向社区居民开放体育设施。规定下达以后，基本实现了社区与学校共享体育资源的良好局面。

（四）英国

英国是欧洲经济最发达国家之一，英国大众体育是在 20 世纪 60 年代开始发展起来的。1960 年之后，英国中央政府开始重视大众体育与竞技体育同步发展，先后颁布了《关于全民体育运动的未来计划》《奥运会计划》《新的健康与安全法》。

英国在社区体育发展政策制定方面，非常注重实践性和实效性。政策制定之前都要开展广泛的调查，由政府有关部门、各党派、学术机构、运动协会等组织和机构，在广泛征求社区广大居民的建议的基础上，针对具体发现的各种问题，总结提炼，最终形成解决方案和发展思路。这种来源于对现实问题解决方案的整合性理念具有前瞻性和现实性。

在社区体育建设方面，英国政府认为参与社区体育活动是每个公民的基本权利，政府必须为公民提供平等的参与体育活动的机会，并以法律形式规定居民健身娱乐活动的权利。因此，在社区体育活动场地、设施、公共空间的使用和管理方面由政府提供保障，并以福利方式来推广落实居民的健身娱乐活动的权利。英国是目前世界公认的社区体育福利较好的国家之一。

英国社区体育发展的启示如下。

（1）社区居民参与到相关公共体育政策的制定与执行中

英国公共体育政策的制定过程，是一种自下而上的民主决策方式。在广泛听取专家和民众建议的基础上，由行政议员们决定，而行政议员的决策权又是由广大的社区民众决定的。

因此，这种民主化的过程一定程度上保证了政策的科学性、合理性与合法性。在社区体育政策的具体执行方面，主要是通过公开招聘的社会团体与组织成员实施，其主要职能是提供公共体育服务，这种社会参与的方式极大地提高了体育政策的执行效率。

（2）英国鼓励第三方提供社区体育资源

英国地方政府并不直接为民众提供休闲、娱乐的操作性服务，一般由第三方提供服务，政府向第三方支付服务经费，并对第三方提供的体育公共服务过程进行监督与调控，这种管理模式有效地保障了社区居民的利益。

（3）注重社区体育发展规划的科学性与长远性

英国体育理事会对社区体育发展提供指导性建议，出台一些很具体、操作性很强的手册和指南，以便供应方按照规定要求执行。例如，20 世纪 80 年代中期，英国要求每 25 000 人的社区建设一个体育中心，并且对于场地设施的建设提出了非常详细的流程与建议。如，需要先经过大范围的市场考察后，列出体育设施的管理及规格，再考虑选址问题，并对选址做详细的可行性分析，在充分论证的基础上对设施的规格和管理做相应的调整，在这些条件都具备后才能修建设施并投入使用。

第二节　我国城市社区体育发展的现状与不足

一、社区体育发展概况

（一）社区体育发展概念的界定

在社会体制改革、社区地位日益重要的情况下，通过社区体育来促进社区繁荣发展是社区建设的重要举措，也是利国利民、促进社区发展的公益性社会活动。社区体育正是在社会变革的背景下，受到了前所未有的关注，成为体育社会化、生活化发展的热点问题。因此，社区体育发展理念就显得尤为重要，是社区体育发展的前提与必要的保证。

所谓社区体育发展，是指居民、政府和有关社区组织整合社区体育资源，发现和解决社区体育的问题，改善社区体育环境和提高社区生活质量的过程，是塑造居民社区归属感（社区认同感），加强社区体育参与意识，培育体育情感、体育人口，确立新的体育形态，推动体育社会化、生活化的过程。

（二）社区体育发展的机制原理

社区体育发展的机制原理是指社区体育发展的结构、功能及动力关系。从结构上说，社区体育发展结构分为四个子系统：概念子系统、组织子系统、文化子系统和器具子系统。概念子系统是为社区体育发展提供价值目标的导向系统。社区体育发展的理念、目标和意义均从概念子系统中提出。组织子系统是启动和领导社区体育发展的执行系统，负责社区体育资源的动员和组织，项目的选择，问题的解决，人力、物力和财力的分配，活动整合和过程监控，等等。文化子系统是指活动和动作规范系统，制约着个人、群体、组织和机构的运行及其相互关系。器具子系统是满足社区成员物质和文化需求的供应系统，包括场地、健身器材、用具等，保证社区体育平稳、顺利、健康地运转。

社区体育发展的动力机制主要来自两个方面：一是政府自上而下的计划推动；二是社区成员自下而上的需求拉动。二者必须有机结合起来，才能形成社区体育发展的整体动力。

（三）社区体育发展的理念

1. 以人为本

社区体育发展的出发点和归宿点，始终是关于居民需求的服务。社区体育的推广和发展应当以尊重个人自愿选择和人性化关怀为基础。因此，包括硬件和软件建设在内的社区体育发展所做的所有工作，都必须始终遵循以人为本的理念。

2. 以服务为中心

在确定发展理念之前，需要先明确功能定位。因为只有通过提供服务，社区体育发展才能够发挥其功能。社区体育发展的中心工作为社区体育服务，而这一中心工作的圆满实现需要借助制度保障和资源供给的支持，这样一来，社区体育服务能够呈现出良性发展的局面。基于此，社区体育发展的主要目标，就是创建一个能够匹配城市进步与发展的社区体育服务保障体系。而社区体育发展的主要任务，则是建立一个可操作的、具备明确功能定位的社区体育服务保障系统。

3. 资源整合

对社区内部、外部的所有可以利用的潜在资源进行调动和整合，使之转变为现实资源，以促进社区体育的发展。与此同时，实现社区在经济、政治、文化和社区体育服务方面的全面提升。这不仅是社区体育发展的目标，也是社区体育发展的重要价值理念。原因在于，这一理念强调了很多共享、共担的观念，例如社区居民的权利和义务、享受和回报等。

4. 本土化发展

我国不同地区的文化和行为习惯特征，是经济、文化和社会环境的差异所导致的。新型的体育形态——社区体育，在这个背景下逐渐成长，具备着区域性这一特点。

社区体育具有强烈的地域性和文化特色，因此在不同文化背景下本土化发展，将会是不可避免的趋势。

5. 社区参与

只有让居民直接参与和管理社区体育发展，才能培养他们社区体育的意识，激发他们对于社区体育的热情，有效地整合和利用社区内部的各种资源。因此，从这一意义来看，社区体育的内在动力源泉就是居民积极参与社区活动。社区体育的发展离不开居民的参与，一旦缺少了居民的社区参与，那么社区体育发展将无法真正和完整地实现。尽管我国各地社区体育各有其独特之处，但是它们都是以"参与、分享"作为基本精神的，这便是社区体育发展的共同点。换句话说，社区体育发展规划的关键在于培养一种自主的、积极的参与意识，让人们能够参与达成共同目标，并享受集体努力所带来的成果。目前，我国社区体育的发展是非常丰富的，其核心在于提倡个人自主参与的精神。

6.社区自治组织

社区自治是指社区居民通过一定的组织形式，依法享有自主管理社区事务的权利及其过程。社区自治是居民社区参与的一种高级形态。社区体育的发展需要广泛的自治组织和中介组织的参与，特别是在我们这样一个经济还不够发达，但人力资源却相当丰富的国家。从现实的角度来看，为了推进社区体育的发展，我们必须依靠民众的广泛参与。目前，我国的社区自治组织和中介组织虽然还处于一个成长的初级阶段，但是它们已经显示出了自身所具备的重要力量——促进社区体育的进步和发展。现如今已经有越来越多的社会中介组织开始涉足体育赛事、经营和管理领域，通过这些现实情况，我们不难看出社区自治组织和中介组织正逐渐扮演着社区体育发展的重要角色，而这也预示着它们必将成为社区体育发展的新载体。

我国社区体育发展是体育社会化、生活化的必然趋势。我国需要明确社区体育发展的理念，特别是在社区体育发展实践中遇到的压力增加时，这种需求愈发迫切。在社区居民对体育领域了解较少的情况下，政府应当主动引导，推动居民积极参与，将社区体育服务作为核心，以人为本，运用多元化平台，实现本土化发展。

二、城市社区体育发展的现状和不足

（一）政策方面

就性质这一角度而言，社区体育是群众体育的一个组成部分。因此，国家关于群众体育的政策，对于社区体育同样具有指导意义。自改革开放以来，群众体育发展的相关实践表明，社区体育获得了迅速发展的背后，不同时期关于社区体育的法规、政策起到了极大的导向和促进作用。

社区体育工作获得了巨大的成绩，居民的体育生活也逐渐丰富多彩，健康水平方面也有了显著提升，这在相当大的程度上得益于有关政策的制定与实施。然而，当我们深入研究这些法规、政策的制定、实施以及成效时，会发现，其中还有一些需要解决的问题。

1.多部门缺乏协调

社区体育工作需要各部门之间紧密协作，包括体育、城建、规划、教育、民政、信息等部门。因此，社区体育工作是一个复杂的系统工程。但是目前的政策大多仅关注体育方面的工作，缺乏关于多个部门协调的机制，这就导致社区体育发展所需的人力、物力、财力无法按政策要求得到充分落实。

2. 监督制度的不健全

就目前来看，存在着监管制度不完备、考核方式不完善的情况。而这些情况致使政府和居民之间的信息沟通渠道不畅，从而导致政府机构对政策的执行情况、执行效果、居民反馈等了解不足，使得政策的制定缺乏系统性、连续性以及针对性，由此极大地影响了政策的实际效果。

3. 政策与居民需要脱节

我国大多数社区体育政策制定，服务于国家的发展方针政策，服从于国家需要，带有更多的政治色彩，忽略了社区体育的本质属性和居民健身的实际需要，造成政策与居民需要相脱节的现象。

4. 政策不能很好地指导实践

就政策的内容而言，政策主要提供了理论与原则性的指导，但缺乏可以实施的具体方法和详细举措，这就导致了政策无法很好地对实践进行指导。

5. 社区体育资源的配置有待完善

在现行的政策中，关于社区体育资源的相关配置，更加注重的是政府部门的职责，而对于社会资源的引入方面，则相对较为忽视，缺乏对社会资源的引入机制。因此，未能有效地利用社会资源来促进社区体育的发展。

（二）发展方式方面

1. 缺乏资金保障

目前我国投入社区体育场的建设经费严重不足。政府投入社区体育活动的经费更是少之又少。由于群众体育事业与人民群众息息相关，具有公共性质，因此应该将它作为政府公共服务的重要组成部分，纳入各级政府财政预算，全面地落实相关资源的分配和管理。如果缺乏资金方面的支持，则难以建立服务于大众体育的公共体育服务体系，而如果缺乏物质方面的保证，群众体育的公共服务则很难长期维持下去。

2. 社区体育服务体系建设滞后

为社区居民开展健身活动和参与社区体育活动提供社区体育服务，涉及社区体育场地设施配置与管理、活动策划与组织、经费筹集与使用、健身指导与监控、信息沟通与反馈等诸多方面，是一个复杂的公共服务体系，需要政府部门、社区居民、社区管理者、体育和医务专家、社会组织、志愿者、企业等多方面的参与。目前，政府的财力不足，投入社区的体育资源有限；也尚未出台有效的激励措施，因此还未能形成社会资本投入社区体育的环境。由于缺乏完善的体育志愿者服务体系和健全的激励机制，社会体育人力资源参与社区体育服务的积极性相对较低。从总体上来看，社区体育服务体系建设相对滞后，这就导致不断增长的多元化、多层次的体育需求与实际的体育供给之间的矛盾越来越明显。

社区体育是居民的体育，是涉及千家万户的体育。尽管社区体育发展是政府应该担负的职责，但是从现实的层面来看，政府无论如何都是无法全部承担的。即使我们再如何强调政府的公共体育服务职能，政府也无法将社区体育中所有具体的事务都进行包揽。因此，我们应该依托社会力量来建立社区体育社会服务体系，通过社会化与市场化的运作方式，促进社区体育的进步和发展。

建立社区体育社会服务体系，进行社会化和市场化运作，是极具改革意义的一项举措，但其中更加具体的理论和实践问题仍需我们深入地思考和研究。

3.在宏观上缺乏长远规划和长效机制的设计

就目前而言，社区体育活动和居民健身主要是由社区居民自主发起，而且更多的是个人主动参与。社区体育的发展目前呈现出一个自生自灭的状态，缺乏有效的引导和支持。尽管国家已经越来越重视社区的建设，也意识到了社区体育对于群众体育发展的重要性，但是目前还缺乏长远的规划和长效机制的顶层设计，缺乏与社会发展相适应的社区体育发展理论。

从现实生活中我们看到，重视社区体育往往只是简单地强调政府领导，造成在实际工作中不自觉地仍然以政府行政权力推动社区体育的发展，社区体育工作也习惯性地表现出行政化倾向和行政化驱动的特征。各级各类政府部门对自己在社区体育发展中的职能认识不清晰，即对哪些是政府应该做的、哪些是交给社会做的并不十分清楚。同时，社区体育的政策法规不是很健全，对政府部门社区体育工作考评机制不完善，社会监督体系不健全。因此，缺乏长效机制的社区体育发展乏力。

（三）资源共享方面

1.社区体育资源配置与管理效率低下

目前，政府机构缺乏有效机制以实时掌握社区居民的体育健身需求。因此，对于居民的健身需求未能做到清晰把握，这就导致配置体育资源时缺乏计划性和效率性。一些配置的体育资源并不符合居民实际的体育需求，因此利用率相对较低，有时甚至还会出现资源浪费和资源短缺并存的现象。社区体育资源配置领域缺乏社会资本的投入，政府作为唯一投资主体，财政资源有限，不能满足社区体育资源的需求，由此导致了社区体育资源配置的总量不足。与此同时，因为缺乏社区体育资源共享制度和跨部门无边界衔接的管理机制，学校、社会、单位和企业的体育资源很难被社区居民有效地利用。因此，居民只能依靠政府提供的有限公共体育资源来进行健身活动。

2. 社区体育服务体系未能满足不同群体的健身需求

就社区居民日常生活的特点而言，青少年和青壮年大都白天在学校或者工作单位。因此，他们社区健身活动的时间主要集中在晚上或者节假日。而老年人这一群体常居住在社区，平日里有很多空闲时间可供利用，他们大多通过在社区内开展健身活动来保持身体健康。为了满足不同群体的健身时间安排需求，社区体育场馆设施应当根据群体的不同需求，制定相应的开放时间。但是，从目前的情况来看，社区内大多数体育场馆设施规划还不够完善。因此，采取错峰开放和分阶段服务的措施十分必要。

就居民健身项目的选择而言，年轻人和中年人更倾向于参加有对抗性和娱乐性的球类运动，而且更喜欢进行速度和力量训练的健身项目，这些项目通常在球馆、健身房中进行。而广场舞、健身操、太极拳、太极剑等团队性的活动以及公园中的低强度健身项目则更适合老年人。不同人群对健身项目的需求不同，因此，社区体育服务部门需要提供针对性的健身指导服务。然而，目前只能提供一种普遍适用的基本公共体育服务。

3. 社区体育信息服务网络平台不健全

社区居民因为互联网信息的繁杂性、移动设备的限制性以及社区内宣传内容的局限性，难以获得与自身需求相关、具有明确目标和实际应用价值的体育信息。目前，大多数社区都没有专门的体育信息服务网站，因此，居民只能借助街道、社区的综合网站获取有限的体育信息。很多社区缺乏专人搜集、整理、发布和反馈体育信息，这导致了体育信息的传播和反馈不能及时完成。社区和社会体育组织、学校以及体育服务企业之间没有协调机制，导致信息来源和分享有限，使得社区内体育信息资源无法得到共享。从总体上来看，当前社区体育信息服务网络平台建设进展缓慢，导致居民难以及时获悉社区体育活动信息。社区居民参与体育活动的重要影响因素之一，就是体育信息交流渠道是否通畅。

（四）设施建设方面

尽管国家在积极推动社区体育事业的发展，并在社区体育基础设施建设上大量投资，但是由于我国社区体育起步的时间相对较晚、基础条件较为欠缺、体育场地比较有限、所提供的器材设备相对不足且功能比较单一，未能充分调动公众对于体育和健身的热情，也不能让人们广泛的需求得到满足。

还有一个原因是，随着我国城市化步伐的加快，城市土地资源变得越来越紧张，导致社区公共体育场地来源减少，给社区公共体育的发展带来了直接影响。此外，我们国家的城市社区往往是由国家、社会企业、公益组织等多个机构共同进行基础设施建设的投入。然而，就财政支持而言，国家更倾向于投资于其他领域的发展，因此，对于社区体育的资金投入相对较少。社区公共体育项目的投资回报率较低，这也导致了社会资金的投入较少。以上这些因素共同导致了社区公共体育无法获得充足的发展资金，致使在体育基础设施建设方面的投入不足，从而制约了社区公共体育的进一步发展。

第三节　我国城市社区体育发展的原则与必要性

一、原则

（一）闲适原则

在当今这个知识和科技快速发展的时代，快速、高效、激烈的竞争已成为社会发展的基本特征。因为分工变得更加细致，劳动强度和密度增加，知识和信息不断更新和传播，人们面对着时空压缩造成的巨大压力。这导致现代人极易产生紧张和焦虑的情绪。社会是由人类自己建造的，但也是现代的社会造成了人们的紧张和焦虑情绪，引发了各种心理疾病。

社区生活能够让人们形成闲适的心态，逃离纷杂的社会斗争和功利的经济活动，是可以让人们躲避紧张的生活、学习压力和社交疲惫的避风港。社区是"社会机构"，虽然与家庭一样都是可以躲避压力的场所，但与家庭也有所不同。在社区中，人们可获得教育、文化、医疗及生活服务，自身的能力和专长也能够在社区中得以发挥，为社区生活贡献力量。

（二）人本原则

为实现社区体育的人文关怀，还要坚持以下人本原则。

1. 非强制性

社区体育的发展旨在丰富人们的社区生活，强调自愿性和非功利性。社区体育关注人的自由发展，居民参加社区体育协会是完全自愿的，运动项目也是完全根据自身的兴趣爱好来选择的，各种运动协会都是居民们自发形成的组织，整个社区体育的参与过程是完全不具有强制性的。

2. 可选择性

社区体育应该在活动项目、活动内容、活动方式和参与类型等方面兼顾各类参与主体的需求，使参与者有更多的选择。

作为群众体育的重要组成部分，社区体育具备丰富多样的活动门类、多彩的活动内容以及多样的活动方式，与群众体育共同构成了互动丰富、精彩纷呈的运动生态。社区为居民提供了进行健身、娱乐和康复活动的人际环境和空间，让居民能够在社区中实现自身身体素质的提高和生存的发展。个人在参与体育活动时，可以根据自身兴趣爱好选择与自己年龄阶段、身体状况相适应的竞技项目、传统民俗运动或地方特色活动，针对个人偏好，可挑选适合自己的体育活动方式，例如个人形式、家庭形式或团队形式。可以根据参与集体体育的人群特征和数量、现有场地和器材等实际条件，制定适合自己的运动标准。可以根据具体情况进行规则和规程的制定、商定和修改，以满足实际需求。社区体育能够提供可选方案，让参与者能够从自己的需求出发，为个人目标的实现选择最符合自身需求的方案，实现个人的全面发展。

3. 高度的灵活性

社区体育需要具有极大的灵活性，这表现在社区体育的组织方式、活动方式、经费来源以及场地建设等方面。在得到体育行政机构的支持和指导后，我们以居民委员会和基层体育组织为基础，建立了一套"以块为主、条块结合"的群众体育管理机制。这个机制能够真正考虑到居民的需求，拥有灵活多变的特点，能够激发体育参与者和组织者的积极性。

社区体育活动的形式相当丰富，具有娱乐性、趣味性和健身性，其中包括了日常的健身操、拳击、舞蹈和剑术等不同种类的晨练活动；有家庭趣味运动会、老年人长走比赛等定期举办的比赛活动。经费筹措可以采用多种方式，包括但不限于行政拨款、单位集资、商家赞助、会员报名费以及通过提供体质测试和心理咨询等服务所得的收入等。相较于建造大型体育场馆，社区内建设体育场地设施更加注重实用性和满足民众体育健身的实际需求。社区体育场地的形式变化多样，可以包括一般体育场所、空地、公园、绿地、小径以及公共体育场地设施等。与通常的大型体育场馆不同，社区体育场地要做到不扰民，要贴近居民的日常生活，真正满足居民的运动需求。

社区体育是一种注重人本思想的体育运动，它的人文精神代表了体育界对于人性关怀的回归，也是体育领域的一大进步。

二、必要性

（一）社会转型的要求

1.社区体育发展的重要性

随着社会的发展，社区逐渐成为社会整合的主要载体，社区体育发展的必要性逐渐凸显。

（1）单位体制随着改革开放和经济的发展逐渐衰落，助推了那些过去完全依赖工作单位生活的人逐渐向着更多地融入社区、更广泛地融入社会的方向迈进，实现由"单位人"向"社区人""社会人"的转变。在现今社会中，越来越多的人开始依赖市场和社交群体来满足其生活需求，社区逐渐成为人们主要的活动场所。体育运动已成为人们生活内容不可或缺的一部分，因此，基层社区需要承担整合、服务和管理体育运动的责任。

（2）目前我国社会的人口老龄化问题十分严峻，市场经济快速发展，经济类型逐渐多元化，越来越多的人脱离了单位，社区体育面临提高国民体质和管理居民健康状况的任务，因此急需提升和完善社区的体育服务、健康管理和教育、培训功能。

（3）小康型生活方式对社区的建设提出了更高的要求，要实现社区的全面建设，改善社区成员的体育锻炼环境也十分必要，因此要加速建设和完善社区体育运动。

（4）社会主义精神文明建设的深入，迫切要求开展社区体育活动。社区体育有利于建立健康的生活方式；有利于社区文化的建立；有利于建立共同意识；有利于建立良好的人际关系；有利于建立良好的道德作风。因此，社区体育是实施社区精神文明建设的重要手段。

2. 社会转型对社区体育发展的影响

社区体育与社会转型密不可分，社会转型推动了社区体育的发展，对社区体育的建设和发展也提出了更高的要求。社区体育必须与社会转型相协调，才能持续健康发展。

（1）社会组织系统正在经历转型，由原先主要以行政隶属为基础的垂直结构社会向以中介联盟为主的水平结构社会转变。这种从"条条"到"块块"的转变，提升了基层社会组织的自主程度，同时也凸显了区域性组织的重要性。

（2）社会管理体制转型使民间主办（或协办）管理方式逐渐取代以政府包办为主的管理方式。由微观管理向宏观调控的转变能够实现地方自治和权力下放，并促进社区体育组织的形成。

（3）由于社会经济体制转型，运作机制也随之从以政治利益为主转变为以满足需求为主。随着经济体制由计划经济向市场经济转变，社会服务在社会生活中占据越来越重要的地位，促进了社区体育的建设和发展。

（4）社会生活结构的变化导致了人们从追求基本生活需求满足转向了注重生活品质和文化享受。随着生活水平从"温饱型"提高到"小康型"，人们的生活中休闲活动的比例逐渐增加，进而为社区体育的发展提供了良好的机遇。

总而言之，社会的转型促进了社区体育的产生，社区体育是社会体育发展的产物，符合社会发展的要求。

（二）人们健康观念改变的要求

走进市场经济时代，举目看，侧耳听，在街头巷尾、在健身娱乐场所、在走亲访友的聚会中……无不谈论如何投资、如何消费的问题。投资效果和消费效果是大家关注的焦点。消费效果最佳、最有持续性和实效性的消费是绿色的体育健身消费，而在绿色体育健身方面的投资——健康投资，则是永不"贬值"的投资。绿色消费，花钱买健康已成为世界消费的新时尚，是21世纪人们消费的新观念、新理念。有人会问，为什么绿色体育消费的投资是最明智的投资，是永不"贬值"的投资呢？答案当然是因为绿色体育消费的真谛是获得健康，而健康才是人最珍贵的财富。

健康是每个人的理想和追求。健康主要是通过体育锻炼、体育活动、体育养生实现的。首要的是，体育锻炼有助于促进身体的健康。适当的运动可以有效改善大脑血氧供应，促进大脑兴奋性，提高中枢神经系统的运转能力，还有助于促进骨骼和肌肉的发育成长，刺激器官结构改善和功能增强。另外，体育对于保持精神健康具有积极意义。适当的运动和保健活动有助于保持心理状态的平衡和促进心理机能的提高，让人焕发活力并充满精力。体育锻炼可以持续提升个体的思想和意志。体育运动的项目能够满足不同个体的运动需求，通过积极追求真、善、美的品质和摒弃假、恶、丑的行为，帮助个人不断完善自我人格。此外，体育锻炼还可以增强人对现代生活和外部环境的适应能力。

（三）人们生活方式改变的要求

在我国以经济建设为中心战略的发展过程中，社区体育得以逐步发展。世界各发达国家的社区体育发展大多是在经济高速增长期崭露头角。社区体育在经济高速增长时期得以发展是因为随着经济的发展，人们的生活水平和文化素质提高了，时间和资源的充足也给了人们更多的机会去参与体育活动。通过对人们生活方式的转变以及社区体育与社会发展的关系的分析，从以下几点对社区体育发展的重要性进行深入了解。

1. 生活方式及现代生活方式的发展趋势

人们的生活方式受到客观条件的限制，反映了他们的生活活动的典型和整体特点，具体表现了社会的整体结构和运行情况。人们眼中的生活方式总是与物质消费活动和休闲活动相关。实际上，生活方式不仅仅涉及日常消费活动，还包括人们在社会各个领域的精神生活、社交生活等所采取的各种方式。除了个人行为方式，生活方式还包括社会、民族和家庭的生活活动形式。

改变生活方式会对社会生产、社会服务、家庭生活、人际交往以及社会风气等社会的各个方面都产生深远影响。人们的生活方式不同，对于物质文化的需求、消费方式、衣食住行的标准、美丑观念，以及生活起居的规律都会因此有很大的不同，这些因素势必会影响社会生活。在人类文明史上，20世纪被认为是具有重要意义的一个时期，因为该世纪见证了科技的飞速发展。在过去的100年里，人类的创造力达到了前几万年中所未曾达到的高度。人类已经实现了探索天空和海洋的梦想，甚至开始探索地球之外的宇宙。

2. 现代生活中的五大杀手

随着科学技术的日益进步，人们的生活得到了极大的改善，但同时人类也付出了极大的代价。现代生活中存在五种健康问题，分别是"灰色健康""营养过剩""缺乏运动""身体机能下降"和"高度紧张"，这些问题导致了一些"文明疾病"的迅速传播，对人们的健康生活构成了威胁。

（1）灰色健康

在现代社会的巨大生活压力下产生了一个灰色健康群体——亚健康群体。这个群体的个体表现出食欲不佳、精神疲惫、难以入睡且容易做噩梦、烦躁不安、情绪易怒、记忆力不佳、胸闷头痛、思维迟缓、难以集中注意力、消极悲观、情绪低落、犹豫不决、偏执等症状。此外还有各种各样的与现代社会生活相关的病症，如现代生活综合征、空调综合征、双休日综合征等都属于亚健康病症。现代化城市中，人们出现亚健康状态的比例逐年上升，而且在总人口中所占的比例也在不断增加。这个庞大的人群不可能涌进医疗机构，他们只有寻求一种最积极、最有效、最方便的手段才能改善亚健康状态——参与社区体育活动。

（2）营养过剩

营养过剩的原因不仅仅是膳食结构改善。科学技术的不断发展和应用，使现代人的运动量不断减少，运动不足是导致肥胖等疾患的根本原因，也是现代生活造就的第三大"杀手"。科学技术的高速发展给人们生活带来便利的同时，也使人们日趋懒惰、四体不勤。先进的科技手段改变了我们的行为方式乃至生活方式，然而也从反面提醒我们要关注自己的身体活动。

人是一种可以创造和使用工具的动物。人类的科技进步史就是一部工具演变发展的历史。人类的劳动方式经历了以应用手工工具和复合工具为主的体力型劳动、应用动力机的半体力型劳动，到现在应用自动控制系统的智力型劳动。人们的脑力支出与体力支出比例也在随着劳动机械化的程度逐渐发生转变，从低机械化时代的 1 : 9 到中等机械化的 4 : 6，再到自动化时代的 9 : 1。

（3）缺乏运动

由于机器的奴役和放弃了本身的努力，人体的运动能力在日趋减弱。许多人的生产和生活技能，协调、敏捷、力量、平衡等许多必要的素质，以及适应外界的能力都在这个过程中丧失了。现代社会的人们逐渐远离自然，他们赢得了物质上和精神上的财富，但也付出了其他的代价。人类的运动能力严重受损，这是人类生理和心理层面受到损伤的表现。

随着工业化时代的落幕和全球信息时代拉开帷幕，以"机器为重、经济为先"、统治了两个世纪的工业化思维理念正逐渐淡出人们的视野，并被一种截然不同的价值观所取代。人类在新的价值观中开始重新审视生活方式和"以人为本"的思想。在这种新的生活方式中，体育运动扮演着非常重要的角色。

（4）身体机能下降

在信息化时代，一部分社会成员长时间伏案工作的活动方式已经严重影响到其身体健康，久坐造成的缺乏运动、肌肉锻炼不足，已经成为社会上普遍存在的威胁人体健康的问题。据美国学者称，久坐工作是许多新陈代谢失调现象的主要因素，对人体代谢影响最大。在现代高度文明社会的生活中，人们食用的食品经过多重加工处理，使得他们的牙齿变得不太牢固。人们饮用的是被化学处理过的水，导致他们的肠胃功能大大降低。空调让人渐渐失去了适应自然温度的能力，人们越来越难以适应自然环境。

（5）高度紧张

现代生活的"高度紧张"也引发了众多健康问题。紧张会导致人们心理失调。心理失调与社会生活紧密相关，人们的生活变得更加丰富多彩，生活方式却变得单一，生活空间变得狭小，生活节奏变得更加快速。这种心理失调在生活中有不同的表现，包括焦虑、抑郁、易怒、自卑和妄想五个方面。由于生活环境越来越紧张，竞争激烈程度不断加剧，人们为了在这样的社会中生存下去就要以身体健康为代价。高科技的发展逐渐削弱了人们的情感体验，导致了现代社会生活中心理问题的涌现，这已成为现代社会的一个难题。生产工作的方式是导致压力的一个主要因素。在体力劳动时代，劳动的强度很大，劳动者所感受到的疲劳是全身性的。随着机械化时代的到来，人们进入了劳动密度极高的时代，社会分工日益严格，造成了局部上的工作疲劳，这种疲劳是大脑的疲劳。随着信息化时代的到来，劳动生产对人体的影响越来越集中在高级神经系统上，从而对劳动者的健康产生更深层次的影响。此外，人们的社交关系以及生活状况也会引发紧张情绪。现代生活中，许多因素都可能引起压力，例如子女入学、事业发展、婚姻状况、个人习惯改变等等。这些压力都可能导致紧张情绪，而作为"现代流行病"，紧张情绪是引发身心疾病的重要因素之一，不容忽视。体育运动能够有效缓解现代社会生活中出现的各种身心问题，参与体育活动是恢复人身心健康并展现价值的生活活动和社会实践，体育生活的快乐自由能够解放天性，可以促进身体和智力的发展，让人与人、社会和大自然之间进行自然而然的沟通交流，培养人们健全的身体和人格，享受人生的幸福和完美。因此，现今社区成员普遍选择了以体育为主的生活方式。

3. 与体育有关的生活方式要素

（1）行为习惯

人们的行为习惯对参与体育的影响是十分明显的。行为习惯的好坏影响着身体健康水平的高低，制约着人们对体育运动的参与度。我国具有不良行为习惯的人群十分庞大，尤其是吸烟的人群在社会上占相当高的比例，引发的健康问题已经十分严重。矫正这些不良习惯的手段有很多，其中参与体育锻炼是最好的手段。它最直接、最经济、最易于被人们接受。

人们的体育习惯应在学校教育阶段逐步形成，但是，由于至今我国学校体育教育和社会体育没有很好地衔接，一方面造成在校学生在生活的社区中没有能够很好地参与体育活动；另一方面，有很多的人在离开学校后就放弃了体育活动。社区体育作为学校体育与社会体育的桥梁，作为实现终身体育的最佳途径，对人们行为习惯的改善和体育参与习惯的培养起着重要的作用。因为，社区体育的特点就是与生活紧密联系，最容易形成习惯，最容易持之以恒，从而成为一种生活方式。

（2）闲暇时间

现代信息化社会中，计算机技术的普遍应用让人们不必再从事过去持续的、繁重的体力劳动，社会闲暇时间越来越多。如果把一天中除了工作（学习）时间之外的时间称为闲暇时间，那么闲暇时间包括了生理性必要时间（睡眠、做饭、吃饭、洗漱）、外出移动所需时间（如上下班路途往返、买东西）和"可以自由支配的"自由时间。

（3）生活消费

生活水平的提高，使人们的消费水平也得以提高，消费结构和消费心理也发生了改变。随着我国经济的快速发展，居民在衣食住行、文化娱乐、教育、体育等方面的消费也在不断提高。但是，体育消费在消费结构中的地位不仅取决于消费水平，而且还与人们的体育价值观念有关。体育用品消费也与人们的收入水平、文化程度、对体育运动的认识程度以及是否积极参加体育活动等许多因素有关。许多调查结果表明，不同收入、不同文化程度的家庭体育用品消费比例也有所不同。收入越高的家庭，体育用品消费所占的比重越大；文化程度越高的家庭，体育用品消费支出越高。

在人们的价值观念发生巨大转变，并逐渐形成新的消费观念的时期，自然就会把最贴近生活的社区体育的发展，与自己的生活质量、自己的未来生命价值体现联系得更加紧密。要想让人们重视对自己健康的投资，就要实现社区体育产业的建设与经营发展，为人民建造运动的设施和场所，提供各种服务，引导人们形成终身体育的理念。因此，发展社区体育，必然包括社区体育产业的经营，这也是社会发展的必然要求。

（4）参与体育活动是社区人生活不可或缺的重要方面。在讨论人们的生活方式时，不能忽视的就是人们的"社会参与"。运动是一种成本最低、收获最大的社会参与方式，体育在塑造个体的社会价值观方面有着至关重要的作用。在进行体育活动时，我们不仅要满足自身需求，更需要尊重他人，要做到诚实待人。要在保持良好精神状态的同时发展人体机能。体育活动通过践行乐观主义精神，激发人们积极向上的斗志，并培育公平和责任的价值观，鼓励人们追求成功、争创第一、勇于尝试，形成不断超越自我、敢于竞争的意识，是一种充满活力的活动。同时，体育比赛对规则和技术要求高，强调诚实和真实，进而成为宣传"真理和公平"的最佳示范。体育的这个特质贯穿于锻炼和比赛活动中，并成为每位参与者的信仰，它改善了人们的行为，促进了家庭成员间的和谐，打造了相互尊重和真诚对待他人的人际关系基础。体育是一种人类平衡的工具，并且是形成凝聚力、社会一致性的一种手段，体育是一种善度余暇的理想方式，它可以给家庭带来融洽与幸福。因此，体育参与是现代社区成员——社区人的必然要求。

第四节　我国城市社区体育发展的途径与策略

一、优化社区体育指导员队伍建设

（一）增加社区体育健身指导员总量

社区体育工作能否得到全面提升很大程度上取决于人力资源是否充足。因此，政府体育行政部门应该制定跨界服务政策，激发体育人才跨界服务的热情，促进体育人力资源的共享，这一举措对于推动社区体育工作的发展至关重要。建立跨区域的体育人才和社区管理者的学习和交流机制，以促进不同行政区域和社区之间的体育发展。同时，完善社区体育指导员、社会体育俱乐部教练和体育志愿者（体育专业学生、教师、运动员）等岗位机制，以更好地实现资源共享。与此同时，政府可以利用电视、广播以及网络等多种媒介来宣传社区体育服务方面的志愿者、体育专家和达人，以此来鼓励社会各界的体育人才为社区服务。此外，政府还可以制定评选和奖励政策，设立专项基金，以激励和支持体育人才为社区服务。

（二）提升社区体育健身指导员质量

近10年来，随着我国群众体育的快速发展，社会体育指导员队伍也在不断壮大，总数在快速增加，但从质量上看，还是不尽如人意，社会体育指导员的健身指导不能满足广大群众日益增长的健身指导需求。因此，需要建立长期的培训机制。首先，从国家到地方各级体育行政机构，应将社区体育指导员培训工作常态化，建立国家、省、市、县四级培训基地，规定现有的社会指导员每年至少接受 1 次集中培训，提升其业务能力和学习新的技能。其次，建议在体育院校设置社会体育指导员专业，专门培养全民健身需要的社会体育指导员。最后，鼓励民间体育传承人、社会体育达人、体育爱好者通过培训获得社会体育指导员资格。

（三）成立社区体育健身指导员委员会

从我国社区体育发展的需要出发，由各级政府体育行政部门主导成立社会体育指导员协会，将社区体育指导员纳入各级协会统一管理。成立由社区行政管理部门——街道管理委员会主导，居民委员会负责，各种体育组织广泛参与的社区体育健身指导委员会。将社会体育指导员、社区体育工作者纳入政府行政人员编制，建立覆盖城乡社区的健身指导员网络体系。

二、优化社区体育设施建设

（一）改革社区体育管理体制

随着社会全面转型，我国社区管理体制仍未跟上时代步伐，过于保守僵化，这导致社区体育资源配置效率低下、资源利用率不高、资源共享程度低等问题长期存在。要改善社区体育资源管理，首先需要着眼于解决社区管理体制的问题。地方政府应该制定措施，鼓励社区、学校、公司、组织和企业在体育健身场地器材方面分享资源。这些举措包括向居民开放学校、公司、组织的运动场地设施，提供奖励、补贴或税收优惠政策，鼓励社区体育资源拥有者向广大居民开放体育场地设施资源。这样可以实现共享体育场地设施资源的目标。建议各级政府在规划大型公共体育场馆时，充分考虑其面向群众服务的定位。最好把大型体育场馆建设于社区内，并采取免费或低收费的方式主动向社区居民开放。

（二）加强体育资源配置改革

我国目前全面推进社会主义市场经济，地方政府是社区体育资源配置的主要机构。政府应该制定相应的激励政策，鼓励企业、社会组织和个人等各方力量投资社区体育资源建设，以政府为主导，实现社区体育资源供给的多元化。

1. 资金筹措渠道方面

就我国社会经济发展现状而言，社区体育发展资金的筹措仍以行政拨款为主。

政府要相应地适当增加体育总经费的投入，调整经费支出结构，并专门为社区的体育发展设立经费以增加社区体育发展资金比例。通过冠名和赞助等方式，吸引社会各界资金参与，逐步实现社区体育经费由政府独自拨款向政府、企业、社会和个人合作融资的转变。

2. 信息服务网络平台建设方面

可以将每个社区作为一个单独的单位，建立相应的体育信息服务网站，并聘用专职人员负责网站的运营和维护，以确保正常运行。创建社区体育信息交流平台，将社区居民、体育组织、体育专家和服务志愿者等相关负责人整合到一个社区体育信息网络系统中。与通信、互联网、广播电视、报刊媒体和软件开发公司合作，利用现代媒体技术来创建一个多样化、全面的社区体育信息服务系统。

3. 资源配置与管理方面

在社区体育资源的配置和管理中，资源配置者和管理者可以通过访谈、调查问卷、网络调查等方式广泛征求居民的意见和建议，以明确社区体育资源的数量、居民对于体育资源的需求以及如何更有效地利用这些资源等问题。将现有资源整合，并根据居民的实际需求优先考虑资源分配的原则。为推动社区体育管理人员队伍建设，建立人事、体育和社区居委会联合培养机制，同时，颁布社区体育管理人员引进、管理、激励等规章制度，并定期为管理人员开展业务培训，提高其管理水平。

三、优化社区体育场地器材管理

社会体育活动的开展，离不开对社区体育场地器材的管理。只有对社区体育场地器材做到情况明、底数清、抓管理、重效果，并争取到足够的资金来源，才能使社会体育的发展得到可靠保障。在此提出以下几条主要管理措施。

（一）抓摸底建档

对社区体育场地器材摸底建档，就是在进行全面调查的基础上，绘制出一份场地图。场地图的内容包括场地方位、场地种类、场地面积、建造时间、器材分布及其规格、质量等，应全部用平面图表标出，并把投资、历史、现实等情况记载下来。在此基础之上登记造册，建立较为完善的关于社区体育场地器材的资料。如果能这样常抓摸底建档，就会准确掌握社区体育场地器材的建设、维修与变化情况，便于统一管理；若出现问题也能及时解决，确保了场地器材使用的稳定性和长期性，从而进一步提高了它们的使用效率。

（二）抓管理制度

这主要包括：对登记在册的社区体育场地器材的资料每三年进行一次补充完善；每年开展一次对社区体育场地器材管理情况的检查与评比，通过召开现场会、评选奖励先进等方式促进管理水平不断提高；对管理社区体育场地器材的人员定期加以培训；在每月月初确定当月需要维修的社区体育场地器材，并在月末对维修情况加以检查等。

（三）建立专项专管机制

这些工作主要有：负责场地的日常维护与保养，保持场地内的环境卫生；负责场地的环境美化，包括场地绿化、装饰及草坪场地的管理养护等工作；负责各类社区体育运动会的场地工作，包括赛前的画线、平整场地，赛后的清理场地等工作；维护与保养社区体育器材等。

四、政策方面

（一）提供扶持政策

国家社科基金"九五"规划重点项目《城市社区发展国际比较研究》认为：我国理想的社区管理组织模式应该是政府参与的垂直管理体系和居民自治的水平管理体系纵横衔接、并行发展的社区管理组织模式。

目前，我国的社区体育建设操作层主要是街道行政区域，要积极推动居民自治组织发展，培育和发展社区非营利性体育组织，这可以借鉴日本等国家社区体育俱乐部的发展经验。长期以来的计划性体育体制导致我国几乎所有的体育资源都被国家和政府所掌控，与群众体育有关的工作也被包括在政府工作之中。在社区中，非营利性体育组织的发展相对迟缓，社会机制也不够健全。因此，在我国推动社区体育发展的过程中，应制定有利于非营利性体育组织发展的法规和政策，例如减免税收等优惠政策，大力支持社区中的非营利性体育组织，它不仅能够承担社区体育的大部分组织和管理工作，也能够创造大量的就业机会。

（二）立法建议

目前我国《中华人民共和国体育法》略显单薄，还需要更多的配套设施。如应将体育场地设施建设看作《中华人民共和国宪法》规定我国人民基本权利实施的保障之一，关于体育场馆开放的规定至少应上升到人大立法的层次，保证开展社区体育所需的场地设施，其中最主要是要落实中小学体育场地的开放。我国地区发展不平衡、情况千差万别，因此社区体育的发展很难一法蔽之，需要依赖于地方立法。譬如目前对于城建居民小区体育场地设施配套建设无法统一规定，但很多地方根据地方的实际情况，都已经出台有关规定，如《深圳经济特区全民健身若干规定》《厦门市体育设施建设和保护规定》《北京市人民政府关于新建改建居住区公共服务设施配套建设实行指标管理的通知》。

第五节　我国城市社区体育运动资源的管理与开发

一、社区体育资源概述

（一）相关概念

1. 公共资源

公共资源，也叫作开放式资源、共享资源、非独占性资源、共同财产资源和非管理性资源，是没有明确产权归属的、具有非排他性和共享性的资源。公共资源的社会使用往往不受限制，就像空气、河水江水以及其中的水产品等自然资源都是可以供人们自由使用的。公共资源中也包括社会成员的生活和生产环境，例如自然水体的气味颜色和所含物质会在视觉或嗅觉上影响人们的感受，而饮用水影响到人们的身体健康状况，会对居民的生活造成影响。人类的生产和生活都发生在环境之中，换种说法来讲，环境也属于公共资源，其中的自然资源可以供人们使用，人们使用自然资源之后就形成新的环境，因此环境与公共资源的联系是十分紧密的。

公共资源的基本特征有以下几点。

（1）资源的共享性：国际公海之中的渔业资源、南极大陆的自然资源以及宇宙中的资源是没有明确归属的，因此任何有能力且有意愿的国家、组织、单位或个人都可以进行开发利用而不受到任何限制。

（2）供给的不可分性：空气属于公共资源，因为空气并不能分割开来供给不同单位或个人使用；优美的自然风景和环境也属于公共资源，因为虽然能够将其分割成不同的区域分给不同的单位或个人，但这样做会极大降低其经济价值，还可能导致资源功能的丧失；还有一些公共资源虽然能够避免让某些人使用，但这同时也违反了帕累托最优原则，因此也是不能分割的。

（3）外部性问题及拥挤性：首先，公共资源的外部性是指对外部环境的破坏和污染，这指的是一个人的行为会对其他人产生影响。例如，一部分人使用水资源会让其他人在这时的用水受到影响；有人滑雪就不能很好地欣赏雪景；工厂排放污水和有害气体会对周边环境质量产生破坏。当公共资源的使用量超过了环境承载能力，就会产生外部性和外部效果，各个使用者之间就会发生相互冲突和排斥现象，导致社会成员承受其他不利后果的负担增加。其次，过度使用公共资源会导致资源紧张拥挤。因为公共资源在有限的时间内只能提供有限的服务，在资源总量一定的情况下有过多的使用者同时使用，就会出现资源利用的拥挤现象，还会在一定程度上产生物质与精神层面的不良影响。

（4）管理的必要性：单位和个人在决策时通常不会考虑公共资源的过度消耗引发的外部性效果对环境和社会的影响，这也就意味着公共资源的利用会超出社会的最优利用水平。如果不采取适当的管理措施来遏制这种过度利用，资源可能会受到不可逆的破坏。

2. 体育资源

体育项目需要特定的设施或条件并在一定的场所中开展，因此这些设施和场地可以被视为体育活动的自然资源。人类是唯一拥有体育行为的物种，体育的创造、实践、学习和传播都是人类的专属活动。这些活动必须在一定的社会环境中才能实现，因此，体育的生产过程也需要社会资源的支持。人类进行体育活动的资源来源于自然界和社会各方面，包括自然环境和社会资源。

和旅游资源、政治资源等类似，体育资源是资源系统的一个组成部分，是体育运动顺利开展所必需的基础。迄今为止，就体育资源的定义，尚未达成共识。在 1990 年以来的研究中，有些研究提到了"体育资源"，但大多数只是简单地提及和使用了这个概念，没有进行详细的阐述和说明。也有文献对此概念进行了正式提出和界定，归纳得出以下几个主要观点。

（1）体育资源是指能够促进人民身体健康、提升运动技能水平的社会与自然资源。体育发展需要依赖两大部分资源，一是自然资源，包括地理环境资源、气候条件资源等；二是社会资源，包括体质资源、物质资源、科技资源、经济资源、教育资源、民族传统资源等。

（2）可供人们进行体育生产和活动的各种条件和要素资源被称为体育资源。这个概念所界定的体育资源包含了物质资源和非物质资源两个部分。

（3）体育资源指社会在物质、资本、人力、时间和信息等方面对体育活动的投入。这些资源旨在提高体育运动的参与率和竞技运动水平，促进体育事业的繁荣发展。

总的来说，体育资源指的是人们进行体育活动所需要的或可利用的各种条件及资源。在体育领域，资源不限于有形的物质财富，还包括无形的非物质资源。体育资源不限于与体育产业有关的资源，还包括其他国民经济产业相关的资源。因此，体育资源包含自然资源和社会资源两个方面。

体育资源具有以下几方面特点。

（1）因为时代、国家、地域以及社会经济、科学技术水平的不同，人们对体育的理解差异很大，因此不同地区的体育资源也具有很大的不同。例如，在某些地区被视为珍贵体育资源的传统体育技术，在其他地区就可能是没有任何价值的。在经济发达地区被认为是珍贵体育资源的山川河流等，在经济落后地区就可能没有体育价值。

（2）生产体育产品这种无形的精神产品不仅需要物质投入，还需要非物质性要素的投入。事实上，这些非物质性投入是构成体育产品的重要组成部分。大部分体育资源是非物质的，必须通过物质的手段开发和利用。其价值不在于物体本身的形态，而在于其中蕴含的概念、理论、知识、技能和情感等要素。体育技术也是一种无形的体育资源。体育比赛为人们提供的体育观赏产品就是无形的，但要提高它的质量，体育技术这种无形的体育资源在其中起着决定性作用。

（3）随着社会、经济和科技的发展，越来越多的体育资源将被挖掘和开发。例如，某些科学理论和技术可用于发展体育理论和技术。而一些人类权利，如空间、水面和无线电波的使用权，也可成为宝贵的体育资源。体育资源本身也呈现出较快的更新和发展趋势。已有的体育资源得到不断丰富和完善，同时还不断涌现新的体育资源。

（4）在一定的历史条件下，与人们对体育的需求相比，体育资源是有一定限度的。体育活动在一维平面或二维空间进行时，对于体育场地的要求是有限的，进而也限制了体育技术的发展。为促进体育发展向三维空间拓展，需要开发更多的体育资源以及更加先进的体育技术。再举一个例子，竞技体育是挑战人类身体极限的运动，成绩的每一点微小的进步都需要大量的社会资源投入。就其潜在的开发和利用能力而言，体育资源是具有无穷无尽的可能性的。

3.公共体育资源

对于公共体育资源的概念，各位学者有着各自不同的看法。据某些学者的观点，公共体育资源被定义为政府体育行政机构所持或所掌控的，具有公共财产属性，用于体育事业社会管理和公共服务的人力、物力、财力和信息等多种要素的综合体。一些学者认为，公共体育资源的顶层概念应该是公共体育。虽然在我国，官方和学术界很少单独使用"公共体育"这个概念，但"公共体育场馆""公共体育设施"等概念被广泛采用。除了有形的物质资源之外，公共体育资源还应该包括无形的非物质资源。

4.社区体育资源

目前，我国大多数对社区体育资源的定义都是以体育资源为起点延伸而来。体育资源的概念有多种界定，但还没有一种被广泛认可的定义。学者们从不同的角度对体育资源的概念进行了研究和探讨。学者们基于对体育资源的研究，提出了社区体育资源的概念。据某些学者所述，社区体育资源是指提供给社区居民进行体育活动所需的一切实物和精神元素。一些学者认为，社区体育资源指的是社区中所有可供社区体育人群或组织利用的有形或无形的资源总和。还有学者认为，社区体育资源是社区中已有的、可供社区人员利用的要素的总和。

（二）影响因素

建立资源共享机制，首先要明确影响资源共享的因素。从经济学的角度看，影响资源共享的主要因素一般包括：资源拥有者（管理者）的内在动力、资源共享环境和资源共享目标。

1.资源拥有者的内在动力

从经济学的角度看，资源拥有者（管理者）是否选择与其他人共享资源，主要取决于共享成本与收益的高低。如果他认为专有使用资源比共享该资源获益更高时，那么，他可能反对共享；反之，就会寻求有效的共享途径。

对于社区内学校、单位、社会组织和个人的专有性体育资源，能否实现全体居民共享，关键在于这些专有资源拥有者（管理者）是否觉得共享后的收益大于因共享而承担的成本。对于因资源共享带来的收益（好处），我们认为有以下几个方面：资源共享能降低重复建设的成本，避免资源浪费；资源共享能有效地提升资源拥有者（管理者）的社会形象和竞争力；资源共享有利于提升资源拥有者（管理者）的创造力，取得新业绩。具体而言，实现社区体育资源共享，能够避免政府或企业在社区、学校或单位进行体育资源的重复建设而造成的巨大浪费，政府或企业可以将社区、学校或单位作为一个整体进行规划，实现资源的高效利用。同时，学校、单位、社会组织和个人也可以通过提供体育资源与社区居民共享，提升自己的社会形象和竞争力，还可以享受政府出台的资源共享优惠政策，如校园体育设施开放补贴政策、企业单位税收减免政策、社会组织和个人服务社区奖励政策，由此获得巨大收益。

2. 资源共享环境

从资源使用的角度看，资源共享环境主要包括政策资源环境、设备资源环境、信息资源平台环境和资源使用环境。其中政策资源环境是实现资源共享的根本保证，设备资源环境是资源共享的基础，信息资源平台环境是资源共享的途径，资源使用环境是资源共享的基本条件。

（1）政策资源环境

政策资源环境是指为实现资源共享的目标而制定的一系列政策、法规和制度。社区体育，就是国家和地方政府出台的社区体育发展政策、法规，社区体育资源建设规划、使用制度、管理规定等。政策资源环境，从法律的层面规定了居民参与体育活动的权利、政府提供基本公共体育服务的义务和社区体育发展的资金保障、社会体育组织（企业）和个人参与社区体育发展的方式和途径，从社会发展和国家需要的角度为社区体育发展指明了方向、方式和方法，为社区体育构建了和谐、高效、持续的良好发展环境。改革开放40多年来，我国社区体育飞速发展，取得了巨大成绩，其中起决定性作用的是国家和地方政府在不同时期及时出台了与社区体育发展需要相适应的法规、政策。

（2）设备资源环境

设备资源环境是指资源共享的硬件设施，包括设施的数量、质量、分布等情况。就社区体育而言，设备资源环境就是分布在社区内，可供居民使用的体育场馆数量与面积、器材数量与质量、健身项目布局与结构等。设备资源环境，直接影响居民参与社区体育活动的积极性，决定参加体育健身活动的居民数量和健身效果，是社区体育资源实现共享的基础，也是政府、社会和企业投入社区体育发展建设的重要方面。"十二五"期间，国家和地方政府投入大量资金加强社区体育设施建设，同时运用市场方式，积极引导社会组织和企业投资社区体育设施建设，有力地推动了我国社区体育的发展。

（3）信息资源平台环境

信息资源平台环境是指基于社区居民体育健身活动的需要，借助互联网而搭建的社区体育健身服务网络系统。其主要包括网络平台的设计与维护、信息的更新与反馈、交流互动与服务。信息资源平台环境，是社区居民学习体育健身知识、了解国家体育方针政策、熟悉社区体育服务现状、合理安排健身计划、交流健身经验、反馈健身需求与建议的重要渠道，是实现社区体育资源共享的主要途径。

目前基于社区居民健身需要的健身服务网站、健身 App、健身 QQ 群和微信群、手机健身软件等层出不穷，极大地丰富了居民健身信息的来源渠道，为实现社区体育资源共享提供了路径。

（4）资源使用环境

资源使用环境是指资源使用过程中的主、客观条件，包括社区体育健身的氛围、场馆设施的环保状况、场馆设施使用的便捷程度、人性化的健身指导服务、科学合理高效的管理方式。资源使用环境，直接影响着居民健身活动的积极性和健身效果，决定着社区体育资源的使用效率和共享效率。

3. 资源共享目标

从经济学角度看，资源共享目标是指资源共享主体之间达成的资源共同使用所带来的利益分配。从社会学的角度看，资源共享的目标，是实现资源的高效利用，用最少的资源实现社会整体利益的最大化。就社区体育资源共享而言，政府可以通过资源共享，达到社区、学校、企业、社会组织与个人的体育资源有机整合，实现区域内体育资源利用效率最大化，进而达到全面提升人们的体质健康水平，促进社会和谐发展，实现人们美好幸福生活的目标。社区通过资源共享，能够提高体育资源的使用效率，提升社区体育服务水平，实现居民人人享有体育健身的权利、机会和条件，丰富社区居民体育文化生活的目标。学校可以通过与社区共享体育资源，达到服务社会、宣传学校、利用社区教育资源的目的，实现提升学校社会地位、扩大教育资源、与社会高度融合、全方位育人的目标。企业可以通过为社区提供体育资源共享，达到树立企业形象、提升企业利润、宣传企业文化的目的，实现企业可持续发展的目标。社会组织和个人通过为社区提供体育资源共享，可以实现提升自身声誉、实现自身社会价值的目的。因此，从资源共享的目标来看，社区体育资源的管理者和拥有者，都可以通过资源共享，获得经济的或社会的巨大效益。

总之，实现社区体育资源共享是社区体育发展的理想目标，但同时我们也要看到，社区体育资源共享是有代价的。随着社区居民共享学校、企业、社会组织等体育资源的人数增加、范围扩大，这些资源拥有者因共享而承担的成本将直线上升，共享带来的好处若抵不过共享成本的增长，他们就会抵制共享。因此，需要在制度和管理上加以监控，构建科学的管理与协调机制，从整体上优化社区体育资源共享体系。

二、社区体育资源合理配置

（一）目标

1. 人道目标

在当前社会市场经济的背景下，我们所追求的"人道目标"，是指平等地以友好的态度对待世界上的所有生命，并努力使每个生命都能实现其生命的价值；在此基础上以平等的态度友善对待每个人，并努力使每个人真正实现自身的价值；为实现这个目标，我们首先必须关注、照顾好自己，并不断自我完善。我们认识到，一个社会的"人道"是指将生命视为生命并使生命的价值得到实现，将人视为人并使人的价值得以实现，将自己视为人并实现自身生命的价值。由于体育具有广泛的参与度和社会公益性，因此在配置体育资源时必须坚持公平原则，兼顾各方的需求，促进公平的资源分配，确保广大民众共享国家发展的成果。

2. 价值目标

在社区公共体育资源的分配中，不仅要注重公平公正，更要关注如何提高资源利用效率和使用价值，满足居民强身健体的需求。在实际的社区公共体育资源配置中，体育资源分配活动能够最直接地展现政府权力。在体育资源分配方面，必须秉承公平、公正、公开等法律基本价值。实际上，对于体育资源的分配调控执行，常被视为是政府依据相关法规来规范分配，运用其强制力来促进资源的合理配置。

换一种说法就是，人们在分配体育资源时，过于关注效率，而忽视了社会监督和公正的重要性。因此，人们往往认为"效率"是体育资源中最重要的价值目标，而忽视或淡化了"公正"的价值。因此，在革新体育资源分配理念时，应将"公正"这一价值目标置于更加重要的位置，并坚持将"公正与效率相统一"作为体育资源配置追求的价值目标。这不仅在理论上具有重要依据，而且也具有极其重要的意义。只有这样做才能确保社区公共体育资源分配改革中价值取向的正确性，否则改革可能会偏离正确的方向，对社区公共体育的发展产生负面影响。

3. 责任目标

社区公共体育资源的优化配置是一个复杂的过程，对之进行分析首先要明确资源配置的目标。社区公共体育能否生存和发展取决于社区公共体育资源是否得到合理配置，这也是政府控制资源成本和确定资源分配的基础。社区公共体育资源管理面临市场竞争激烈和资源稀缺的问题，因此需要实施责任目标成本管理，以提高管理水平，增强社区公共体育的社会效益，这是适应体育市场形势和保障社区公共体育持续发展的必要措施。因此，社区公共体育资源配置需要：首先，遵守"先制定方案、先划定责任、先确定指标、先签署合同"的工作原则，制定科学合理的责任目标。其次，实施全方位、全过程的成本资源责任目标控制流程，做到"干前预算、干中核算、边干边算、干后结算"等环节。最后，通过建立激励和约束制度，将责任目标与城市居民个人利益紧密结合起来、真正落实下去。

（二）原则

1. 保障公民权利，推崇普惠性原则

城市社区中的公共体育资源，作为一种公共物品，并不归属于任何一个个体，而是全体社会成员共同拥有的公共财产。所以，社区公共体育资源无论出于何种原因都不可能被任何个人、机构、组织独占或分配给少数人。换句话说，由于社区公共体育资源具有公有属性，因此使用这些资源是人们权利的一部分。社区公共体育资源是公共资源，与人的权利有着两个方面的直接关系。第一个方面是社区居民的人权内涵可以通过社区公共体育资源的所有权属性得以体现。第二个方面是社区的公共体育资源如何发挥作用，直接影响着社区居民能否充分享受人权。我们可以得出这样的结论：公共体育资源是用来维护人的健康权利的，因此，它们的公平和合理分配状况基本上反映了社会中居民的权利保障状况。因此，研究社区公共体育资源的分配必然与道德规范和人权保护有关，其中必然涉及实现人权平等的道德要求。

社区公共体育资源的普惠性是在公正的资源分配原则下确保每个社区居民都能够平等地享受到经济社会和体育发展所带来的益处。普惠性包含了多个方面的内容，具体表现为需要提供充足的体育场地和设施等社区公共体育资源，社区居民参与体育锻炼的关键就是拥有适宜的体育场地设施，还要为居民提供参与体育锻炼的机会。如今，社区体育场地本就不足，还被用作城市规划或划为商品房建造用地，社区居民想进行体育锻炼却无处可去。另外，进行体育锻炼是所有公民的权利，与性别和年龄无关。因此，在社区公共体育资源的分配方面，应考虑不同社会群体的身体素质特点和需求，为每个人提供适合他们锻炼的资源。

2. 社会效益优先，兼顾经济效益原则

推进各类文化事业和文化产业的发展都必须秉持先进文化的要求，一直把社会效益摆在最重要的位置。在社区公共体育资源配置中，应当优先考虑社会效益，重点关注具有明显社会效益的相关工作如增进社区居民身心健康的群众体育。强调体育要注重社会效益并不排斥追求经济效益。随着社会和经济的不断发展，人们的业余时间不断增多。社区居民对于体育运动的需求日益增多同时促进了体育产业的快速发展。体育产业发展速度惊人，是第三产业中的一个新兴产业，带来了许多就业机会，带动周边相关产业协同发展，不断吸引着更多的人才和资本加入。体育具有双重特征，既具有公益性，又具有商业开发性。政府需要考虑社会效益，市场需要考虑经济效益，因此，在城市社区公共体育资源配置时必须以促进城市社区体育公共资源的合理配置为首要目标，将政府宏观调控和市场调节机制有机地结合在一起。

3. 确保整体效益，体现有序调配原则

在进行社区公共体育资源整体调配的战略规划时，要有整体效益观，社区公共体育资源配置系统中的各部分应当与整体协调一致，以放大资源配置系统的整体功效。因此，必须以总体目标为统领，考虑全面，包括各个方面、不同阶段、多种因素的情况，在充分考虑各个局部的具体情况和不同局部之间的关系以及保证重点投资的前提下，实现各局部与整体的协调一致，充分发挥整体效益。为了最大化地发挥整体效益，我们需要在规划和调配社区公共体育资源时，注重资源调配的秩序性和流动性。因此，必须按照一定顺序、分层次、分步骤、有计划地调配，建立一个系统性的结构，通过纵横交错的立体网络模式来实现资源的有序流动。这种有序性的调配原则是确保整体效益最大化并使工作顺利进行的重要保障。

4. 政府投入和社会运作相结合原则

体育产业具有社会公益性，能够产生社会效益，又具备商业价值，能够产生经济效益，因此体育产业可以带动经济和社会的双重发展。由于体育具有公益性和社会效益，因此体育产品具备公共属性。公共体育作为与公共教育、公共信息、公共卫生等同等重要的组成部分也应被纳入国家经济和社会发展计划，并由国家财政提供支持和保障。我国的体育事业整体发展较为落后，没有雄厚的物质技术基础，在社会化和产业化程度还较低的情况下，要实现体育资源公平分配目标以及创造良好的社会效益就必须持续增加财政投入，否则难以实现。

5. 必要性与可行性相统一的原则

必须精准了解当前的体育资源总量和分布，建立数据汇总和分析展示平台，实时监测资源的开发利用情况，综合分析潜力并及时预警资源安全，对体育资源更加主动地、科学地宏观调控，实现体育资源开发战略并提高国家资源安全保障能力。对体育资源的策略性配置规划和建设，有助于提高体育资源管理的效率、科学决策的准确性、依法行政的规范化程度，进而推动体育资源管理水平不断提升，促进管理行为规范，加快管理创新。要将有限的体育资源分配给对体育资源需求最迫切、体育资源掌握量最紧缺的居民，发挥体育资源的最大效用，有效地提高居民的健身意识水平和积极性，让居民充分享受体育运动，带动周边地区体育事业的快速发展。

要保证体育资源具体实施分配的顺利进行，就要首先进行战略规划与调配，并保证战略计划的可行性。因此，在制定体育资源战略规划时，要在详尽的现状调研基础之上对体育资源战略规划的条件、步骤、目标、对策进行规划，保证战略规划的有效性和可行性。为了确保体育资源战略规划在阶段规划和时间分配上的合理性以及与总体目标和社会发展趋势的契合性，在进行体育资源的战略规划时必须从城市社区公共体育实际的发展状况出发。

三、社区体育资源共享机制的构建

（一）构建组织管理机制

目前我国社区公共体育工作，主要由社区居委会在市（县）体育局领导下自主开展，由于居委会的管理权有限，很难实现社区内体育资源的整合与共享。社区内体育资源所有权（管理权）分别属于不同的系统（组织），要把它们整合成一个有机的整体为全体居民所利用，就必须建立各方参与的联合管理、协调机制。

充分发挥政府部门（体育局、教育局和文化局）的主导作用，联合有关部门，建立社区公共体育资源共享管理机构，可以将其命名为社区公共体育联合委员会，专门负责制定社区公共体育资源共享政策、统筹配置社区公共体育资源、协调社区公共体育活动安排、管理与监督社区公共体育发展事务。其成员由政府相关部门代表、社区公共体育管理代表、学校体育管理代表、企业和社会体育组织代表等构成。

构建社区公共体育联合委员会要注意以下几个方面：（1）坚持"政府主导、市场调节"的理念。发挥政府主导作用，做好社区公共体育发展的顶层设计，运用立法的手段，建立相应的社区公共体育资源配置与共享的法规政策，并协调各方配合实施。发挥市场的调节作用，充分运用市场经济的调节机制，引入企业、社会和个人的体育资源为社区公共体育发展服务。（2）建立社区公共体育联合委员会例会制度。定期召开委员会成员工作会议，协调处理社区公共体育发展与资源共享过程中遇到的问题，保障社区公共体育资源共享的顺利进行和各部门协调配合。（3）培育第三方社区公共体育服务组织。社区公共体育健身活动是一个包含有效组织、科学指导、效果评估的综合性活动，必须由专业的人员来完成，必须走专业化发展之路。

（二）构建多元供给机制

地方政府作为社区公共体育资源的主要供给者和管理者，要改变目前社区公共体育资源供给不足、总量偏少的问题，就必须建立社区公共体育资源的多元供给机制，提升资源拥有者的内在动力。

（三）改善资源共享环境

1.完善政策体系

政策是行动的指南，只有建立完善的社区公共体育发展政策体系，才能全面有效地推进社区公共体育的发展。从资源共享的角度看，政策的对象是资源提供者（管理者）与资源使用者，具体内容应包括：权利与义务、行为与标准、责任与范围等。从目前已有的政策看，《中华人民共和国体育法》《全民健身条例》《全民健身计划》从国家层面上规定了政府、组织和公民在社区公共体育资源建设、管理、使用等方面的责任、权利和义务，地方（县、市）政府也出台了相应社区公共体育发展政策，这些政策大多是以政府的名义颁布的，更多体现为指导性；而在社区公共体育工作实际中，具有可操作性、多部门合作的行动性方案较少。

从资源共享政策的内容和范围看，社区公共体育资源共享政策应包括五个维度：政策法规保障度、体育设施分享度、公共服务协调度、资源环境保障度、弱势群体共享度。

（1）政策法规保障度

政策法规保障度是社区公共体育资源共享的制度保障，是资源共享的前提条件。首先，要提高社区公共体育资源的总量，就必须建立"多元投入"机制，用政策引导、鼓励各方财力、物力、人力进入社区公共体育资源配置体系，以政策、法规保障各方参与者的权利和利益，并规定其责任与行为规范，接受监督、监管、问责等。其次，由于目前社区内的体育资源的所有权（管理权）属于不同的单位、集体或组织，要想让全体居民都能使用、享用，就必须有政策作为依据，明确居民享有的权利与义务，规范其行为与责任，在政策的引导、指导、规范下，享用社区公共体育资源。最后，要确保社区居民能够充分享用社区公共体育资源，还必须有相应的制度作为保障，社区公共体育设施开放制度、运动场馆管理制度、社区公共体育指导员管理制度、社区学校体育设施开放制度、社区公共体育组织管理制度等，用制度规范各方的行为，保障社区公共体育活动的有序开展。

（2）体育设施分享度

体育设施分享度是社区公共体育资源共享的基础保障，是资源共享的基础。首先，必须有一定的资源总量作为保障，没有资源或资源很少，就谈不上共享了。其次，居民要有分享资源的意愿并形成共识，只有居民有共享资源的要求，并统一按照一定的规则共享，社区公共体育资源共享才能够实现。最后，共享规则是资源有效、有序、高效利用的保证，要制定共享规则，这是社区公共体育资源共享的前提条件。

（3）公共服务协调度

公共服务协调度是社区公共体育资源共享的组织保障，是资源共享的关键。从目前社区公共体育资源的种类来看，可以为居民享用的体育资源种类繁多，场地设备方面有全民健身器械、室内外运动场馆、体育健身中心、健身步道、体育公园、学校体育场馆设施、公共广场等。公共体育服务内容主要有体育健康知识讲座、健身指导、体质测试、组织体育活动等。这些场馆设施的有序开放、这些服务活动的有效组织，都必须通过社区管理者、体育场馆管理者、体育活动组织者，按照特定的规章制度，制订工作计划，协调各方工作，才能够保证社区公共体育资源的高效利用、有效共享。同时，对社区内体育资源的挖掘、整合，协调居民体育健身需求，也是社区公共体育工作的重要方面。

（4）资源环境保障度

资源环境保障度是社区公共体育资源共享的环境保障，是资源共享的底色。一般来说，资源环境包括资源使用环境和社区人文环境两个方面。资源使用环境是指居民在使用过程中所处的外部环境条件，如设施设备的新旧、场地的卫生、空间的大小、室内的通风、环境的绿化等；社区人文环境是指居民生活的社区的文化、习俗、风气等。社区居民开展体育健身活动，是以一定的体育设施为基础的。资源使用环境影响着居民参加体育健身活动的积极性和资源的使用效率，直接关系到社区公共体育发展的目标是否能够实现。社区人文环境影响着社区居民的价值观、行为方式和生活习惯，是构建团结、和谐、安全社区的重要因素。

（5）弱势群体共享度

弱势群体共享度是社区公共体育资源共享的底线目标，是实现全体公民共享体育发展成果的重要体现。检验社区公共体育资源共享程度的高低，最简单而有效的方法，就是看居住在社区内的弱势群体居民（老年人、妇女、儿童、残疾人、低收入人群）是否能够充分享用社区公共体育资源。因此，在制定社区公共体育发展政策、管理制度时，一定要关注弱势群体的体育需求，用政策、法规保护弱势群体的体育健身权利，用制度管理、服务帮助，促进他们积极开展体育健身活动。

从资源共享政策的制定过程与执行来看，社区公共体育资源共享政策的制定应该是政府主导下的社区管理者、社区公共体育组织、体育服务企业、社区内学校和单位、社区全体居民共同参与协商的结果。按照目前我国社区治理模式，社区公共体育制度执行主体应该是多元的，政府组织、各社会团体、有关企业和单位及社区居民都是制度的执行主体。社区公共体育制度能否得到有效执行和遵守，关键在制度执行部门的责任人，制度只有通过执行人及组织才能发挥作用。

2. 构建信息共享平台

目前，手机是我国居民普遍使用的通信和获取信息的主要工具，社区公共体育信息管理部门可以联合通信、移动、互联网等公司，运用现代互联网技术，通过手机链接，实现社区公共体育信息资源的共建共享。例如，上海市、苏州市和常州市，通过互联网平台实现了对市民的体育需求与反馈信息的调查与收集、体育政策和新闻的发布、体育活动的组织与安排、体育场所分布的电子地图与运行使用实时公告、网上咨询交流与专家答疑。上海市还建立了社区公共体育"菜单式"配送和社区联盟赛等特色网络平台，采用"你点我送"供给方式，使居民"足不出社区"就能享受到健身指导服务，实现了居民体育需求与社区公共体育服务有效供给之间的良性互动。

3. 构建多元投入、共同管理机制

近年来，虽然我国社区公共体育资源配置取得了很大的进展，但由于我国城市人口众多，社区居住密度很高，加上政府的财力有限，投入社区建设的人力、物力资源有限，而且引导社会资源投入社区建设的政策、环境条件和社会氛围都没有形成，因此，真正能被社区居民支配的体育资源还很有限，仍然无法满足社区居民多样化的体育健身需求。要改变这种状况，必须采取"政府配置＋市场配置"的方式。政府财力只负责基本的公共体育设施建设和管理人员的配备，保障基本的公共体育服务。同时，以政策引导、市场监管的方式，利用减免税费、优惠土地使用费、政府补贴等政策，积极引导企业、个人、社会团体进入社区公共体育资源配置领域，努力实现"多主体、多途径、多方式"的配置模式，拓展社区公共体育资源配置的融资渠道，提高社区公共体育资源的体量和质量。同时，引入"购买服务"机制和竞争机制，形成政府组织、社会机构和私营组织"并存、竞争"的格局，按照"谁建设、谁管理、谁受益"的原则，推进社区公共体育资源配置的深化改革。

地方政府行政部门要改变传统政府包办、统一配置的管理观念，要运用政策的杠杆，充分激活市场的活力，以政策的制定者、市场的监督者、资源的组织者的身份，通过制度创新，积极营造"多元投入"的制度环境和社会氛围，鼓励市场组织、社会团体和个人等社会力量参与社区公共体育资源配置，运用官方媒体宣传、报道、表彰等手段，对在社区公共体育资源配置中作出成绩者给予物质和精神奖励，激励他们继续为社区公共体育服务作出更大贡献，从而实现政府、企业、体育组织和团体、社区居民等多方共赢的社区公共体育资源共享环境。

社区公共体育资源是稀缺的，更是宝贵的，只有高效地利用社区公共体育资源，才能充分发挥在"全民健身""健康中国"建设中的价值。在一个日益互相依存的时代，我们需要构建社区公共体育资源共享机制，来共同面对社区公共体育发展过程中的资源短缺和不均衡的巨大挑战。资源共享不是一件容易的事情，共享机制也不存在一劳永逸的方案，任何有效的资源共享机制都是来自有目的的动态选择。

四、社区体育资源的开发

（一）社区体育资金资源的开发

社区体育经费的管理方式应当以公益为导向，采取多元化的筹措方式。政府方面则需要根据《中华人民共和国体育法》的规定逐年增加对体育事业的经费投入，体育行政部门应逐年增加社区体育工作的经费投入。此外，还可以充分利用社区体育的无形资源，例如文化衫、广告牌、比赛冠名、场馆冠名以及社区体育队伍的冠名等方式来吸引赞助。鼓励企事业单位、社会团体和个人积极参与社区体育活动和体育设施建设，并提倡辖区单位组织或承担社区大型体育赛事。有条件的社区可以设立社区体育发展基金，由个人或团体提供资金支持。

（二）社区体育基础设施资源的开发

政府要大力鼓励个人和企业投资建设社区体育设施，可以采取一定的优惠政策促进企事业单位、工厂、学校等进行体育基础设施的合建或分建，加大体育设施的共享。要合理配置体育资源，实现对周边体育资源的充分利用，临近社区可以联合建设小型体育场馆或设施场地，一些大型体育中心场馆也要持续发挥其窗口效应，进行产业化运作，可转变为集竞赛、健身、娱乐、休闲、旅游、观光为一体的开放式体育公园，与小型体育俱乐部的有偿会员制优势互补，共同促进社区体育资源的开放共享。

（三）社区体育人才资源的开发

政府部门要依靠体制培养社区体育人才，设立社区体育的相关公务员编制，建立社区体育指导中心和培训站，积极培养社区体育管理者和指导员；要在人才和设施上实现学校与社区的优势互补，在体育院校设立社区体育专业，培养社区体育专业人才，迅速壮大社区体育人才的队伍，体育教师要充分发挥其丰富经验和理论知识的作用，组织基层体育竞赛，在学校中吸收社区体育的积极参与分子和志愿者，与社区体育培训衔接起来。

第六节　我国城市社区体育文化与学校体育文化的融合

一、社区体育文化

（一）概念

我国社会的主文化是中国特色社会主义文化，社区体育文化的性质应基于社会的主文化并受大众体育文化的制约。社区体育文化是社区居民在一定区域内的生活实践过程中形成的各种具有个性特点的体育文化现象，包括其生活方式、行为特点、价值观念和群体意识等，良好的社区体育文化能够对社区居民的整体素质、社区的综合文明水平以及社会的整体精神文化生活水平产生正向影响，能够加快社会主义精神文明建设和社区体育持续健康发展。

（二）分类

基于社区的社会构成，可以将社区的体育文化划分为多种不同的子类体育文化。

1.服务体育文化

社区体育文化的核心内容是服务体育文化。社区体育的核心职责是为居民提供体育服务并推广体育文化。在为居民提供体育服务的过程中，要服务于体育文化，形成体育服务道德、体育服务层次、体育服务质量、体育服务理念、体育服务形式、体育服务监督、体育服务效益等。

2. 节日体育文化

社区在传统节日和其他节假日期间举办各种大型的文艺和体育活动，就可以形成节日体育文化。节日体育文化具有传统性和常规性，内容和形式也相对稳定。

3. 家庭体育文化

家庭是社会的基本单元，是人类生存与文化传承的根本所在，家庭体育文化是构成单元体育文化的一个组成部分，必须将社区体育文化建设与家庭体育文化建设联系起来，才能产生长久且深刻的影响。"奥运社会支持工程"是中国推行的一项体育文化、精神文明建设活动，旨在创建文明体育家庭、全民健身家庭和奥运家庭。

（三）性质

1. 区域性

社区体育文化具有鲜明的地域性，并且在当地的地理位置、文化传统、社区机构和组织成员的影响下会越来越凸显。作为社会文化的重要组成部分，社区体育文化也能够体现社会的经济和政治情况，其在一定的区域内不断发展，不断积累体育文化，地域性也会越来越鲜明。

2. 融合性

社区体育文化要做到接纳各种不同的文化，要以宽广的胸怀让本土的体育文化和外来的体育文化、传统的体育文化和现代的体育文化、高雅的体育文化和通俗的体育文化都能在社区中立足。由于社区人员的职业、收入、文化水平、价值取向以及宗教信仰的差异，社区内的体育文化必定种类繁多，社区体育文化要海纳百川，融汇各种各样的体育文化。

3. 共享性

社区体育文化是由社区居民在日常实践中共同营造和维护的，因此，所有社区居民都可以享受这一文化成果。社区体育居民不仅参与和创造社区体育文化活动，同时也维护和享受社区体育文化活动的成果。他们通过个人或群体自发的文体活动愉悦身心，通过互帮互助增进彼此间的交流。社区体育文化的实际建设情况显示，越多的人共享社区体育文化，社区体育的凝聚力和社区居民的归属感就越强。

4.感染性

社区体育文化是一种较为松散的群体文化类型，它主要靠社会舆论和示范作用来对居民产生引导作用，在得到社区居民的认同后，就会对居民的心理、意识和行为产生一定的约束，在潜移默化的熏陶和感染中使居民形成良好的风气。

二、社区体育文化与学校体育文化的融合

（一）二者之间的关系

学校体育文化与社区体育文化在体育运动的项目、体育运动的场地设施、进行体育活动的目的以及体育活动的组织管理机构方面有很大的差异。学校体育文化包括体育精神文化、体育资源文化和体育组织文化，但学校体育教学死板，没有趣味性，学生对体育运动缺乏积极性和参与热情，教学内容单一，导致体育文化不能得到很好的展现。社区中参与体育活动的主要是老年人，社区内的体育锻炼场地和设施都十分有限，因此社区体育文化也得不到宣传。学校体育与社区体育在锻炼时间上可以实现互补，在保留各自的活动形式基础上可以相互学习。

（二）融合现状

目前对于学校体育文化和社区体育文化融合的研究主要是探索学校体育与社会体育优势互补的方法和共同发展的途径，着眼于挖掘、利用学校体育的校本资源和社区体育的区域性资源，虽然关于学校体育文化与社区体育文化融合的研究课题数量很多，但是真正对体育资源文化、体育组织文化和体育精神文化进行综合研究的课题不多。

目前，学校体育资源和社区体育资源进行了初步融合，学校进行了部分体育资源的共享，将部分体育资源无偿对外开放，同时也有学校的项目和人员走进社区，参与到社区体育的建设中去，实现了与社区体育文化的交流融合。

（三）融合的困境

1.理念落后，思路狭隘

目前，学校体育文化与社区体育文化的发展受到了狭隘认识的限制，二者的"资源互补"只停留在认识上却没有付诸实践。虽然人们已经意识到了两者融合对双方的发展是有益的，但是没有意识到这种融合需要人力、财力、物力等方面的互相支持，对彼此甚至整个社会制度层面产生影响，使体育资源在精神文化层

面发挥作用，在更深层次的制度方面产生积极影响。只有当校园体育文化和社区体育文化的理念和制度都能实现相互融合、相互促进、相互提高时，才能达到二者真正的互动。

2. 管理体制和工作机制不健全

这种互动不仅仅停留在理念上，还要通过制度等实际手段来实现。一切事物的进展都需要在制度和政策的支持下才能实现。学校缺乏专门的组织机构，其发展受到多部门领导的影响。由于缺少相关的决策机构、管理制度和工作章程，尽管学校是社区的一部分，学校体育文化和社区体育文化也无法统筹规划和协调各项工作和活动，在组织安排和活动管理的协调统一方面存在效率低下等问题。

3. 相互供给的质量和效率较低

如果没有经费支持，文化活动就很难开展。目前政府对体育文化的管理机制尚不完善，学校和社区的体育文化只能自发地进行体育资源的相互供给和共享，开展的体育文化活动没有场地和设施的限制，对参与者也没有门槛限制，活动范围有限，影响力不够显著。学校没有做到让学校回归社区，没有意识到让体育专业人才走进社区的重要性，没有看清社区体育文化发展中真正需要解决的问题。学校体育文化并不是社区体育文化的发展支撑，社区发展并未被纳入现代化学校制度的建设规划。

（四）融合的意义

1. 有利于强化学生的社会能力

在学校体育文化与社区体育文化的融合过程中，教师也积极参加体育活动，与体育爱好者一起进行体育锻炼，这不仅会对学生产生一定的榜样示范作用，还提高了体育运动场地的利用率，同时也促进了体育文化和知识的传递与交流。学生参与社区文化活动，进行体育锻炼，身体素质和应变能力得到提高，增长了见识和实践知识。这种师生积极参与不仅有助于实现社区体育文化与学校体育文化的结合，而且对于推动社区体育文化的发展也具有现实意义。

2. 有利于培养大学生的创新能力

在学校与社区体育资源的共享过程中，二者之间的体育文化也在互相渗透，在现代化的学校建设规划中也加入了对学校回归社区的实践探索。借助体育文化与体育活动的互相融合，学校和社区展开的更深层次的体育文化交流会大大提高各自的自我认同感，从而展开更具有创造性的体育文化活动。这种文化的交流还会激发学生的创造性，为学生提供更多的创作机会和空间，利于他们开动创新思维，让他们更积极地投身于学校体育文化和社区体育文化的文化产品创造中，学校体育文化发展也能给社区体育文化发展提供一定的参考。

3.将为科学建设社区体育文化、丰富学校体育文化创造机遇

学校体育文化与社区体育文化的相互融合能够促进二者共同发展，使学校的体育文化得到充实与丰富，提高社区体育文化建设的科学性和发展速度。学校与社区要积极交流，促进体育文化的融合，实现体育资源和体育文化发展上的取长补短，探索让学校回归社区的方式与途径，充分发挥学校体育的社会服务功能，加快社会体育资源的整合。我们应该积极思考，例如社区中喜欢打篮球的居民可以与学校里的老师和学生组成队伍，一起进行篮球训练和日常锻炼，按照学校体育活动的开展形式与内容举行篮球联谊赛、开展篮球技术战术交流会、进行规则培训等。组织体育活动时可以在活动内容中融入当前社区中流行的体育运动方式，增强体育活动的吸引力，营造科学化、创新化的社区体育文化氛围，既能达到吸引社区居民参与体育运动的目的，也能推动社区体育建设。

第三章　城市社区体育资源的配置

本章内容为城市社区体育资源的配置，主要从四个方面进行了介绍，分别是城市社区体育资源配置的目标、城市社区体育资源配置原则、城市社区体育资源配置中的政府责任、城市社区体育资源配置中的路径选择。

第一节　城市社区体育资源配置的目标

资源分配应该同时追求帕累托效率[①]和公平性，只有这样，才能推动城市社区的公共体育资源分配优化，促进和谐社会的发展。城市社区公共体育资源配置的帕累托效率指：第一，公共体育资源的分配合理，能够满足不同使用目的的需要，实现社区公共体育资源配置的人文目标。第二，要实现城市社区公共体育资源最大化的配置利益，确保所有公共体育资源都得到充分利用，消除资源浪费和闲置现象，达成资源配置目标。第三，提供的公共体育服务考虑了公众体育需求者的喜好，以确保城市社区公共体育资源的分配目标得以实现。在城市社区中，公平的公共体育资源配置应该是人力资源、场地设施资源以及投资资源等方面的均等分配。总的来说，城市公共社区在配置公共体育资源时的主要目的是尽可能满足城市居民的体育需求。

一、城市社区公共体育资源合理配置的人道目标

（一）人道的内涵

在中国文化史中我们可以找到关于"人道"内涵的精辟阐述。例如，在《周易》中提到："天道下而济光明，地道卑而上行；天道盈亏而益谦，地道变盈而流谦，鬼神害盈而福谦，人道恶盈而好谦。"[②]这里所谓的"人道"乃恶盈求谦是也，指的是凡事不过而中道，就是人道。用今天的话来讲，就是凡事公平、公道，就

---

① 范里安. 微观经济学：现代观点 [M]. 上海：上海人民出版社，2006.
② 杨庆中. 周易与人生 [M]. 北京：中国人民大学出版，2010.

是人道。《礼记》中记载："亲亲、尊尊、长长、男女之有别，人道之大者也。"^①此处的所谓人道者，就是血缘亲情、内外有别，君臣尊卑、上下有秩，它构成了人的一切行为的总法则。司马迁在《史记》中这样写道："人道经纬万端，规矩无所不贯，诱进以仁义，束缚以刑罚，德厚者位尊，禄重者宠荣，所以总一海内万民也。"^②这里的"人道"，即人在人世中生活的基本法则和根本规范。上述可见，在中国文化史中给"人道"概念所赋予的具体内涵，不是从人的本性出发来定位的，而是从血缘、社会、政治、地位、身份、权力等方面来定位的，更不是从人的权利、尊严、地位来定位，而是从人必须承担的义务、责任和所必须承担的社会角色来定位，因此，"人道"概念的伦理价值取向不是人，而是"仁"或者说"礼"，进一步讲是指"权"，亦即血缘权力和政治权力。所以，中国文化中的"人道"的本质内涵就是：仁道、礼道或权道。这里的"仁道""礼道"或"权道"的核心精神恰恰是血缘宗法主义和专制政治等级权力，这为我们解读城市社区公共体育资源配置的人道目标提供了理论依据和支撑。

（二）城市社区公共体育资源合理配置的人道目标

联合国教科文组织在《国际体育与运动宪章》中明确提出："体育与运动实践是所有人的基本权利。每个人享有对于其个性全面发展必需的参与运动的基本权利。"^③体育具有广泛的参与度和社会公益性，因此在配置体育资源时必须坚持公平原则，兼顾各方的需求，促进资源的公平分配，确保广大民众共享国家发展的成果。因此，国家政府机构应该在分配社区公共体育资源时，追求人道目标——平等、公正地对待居民，让他们具有平等的体育权利，从而努力确保每个人都能满足自身的体育运动需求和全身心地享受体育锻炼所带来的好处。在这个基础上，政府机构还应努力使每个人都能得到公正的对待，让每位居民都成为完整的人。为了实现这一目标，需要公正地分配社区中稀缺的公共体育资源，让每位居民都能体会到分享和共享体育资源的感受，从而努力成为一个完整的人。我们坚信，在注重人类福祉的社会，政府必须精心规划和分配社区公共体育资源，以确保居民身体和心理的健康。政府必须把居民的身心健康放在至高无上的地位，并将之作为评估政府绩效的重点。

---

① 《礼记》的法理思考 [EB/OL][2016-06-28]（2023-07-09）.https://www.docin.com/p-1656771232.html.

② 司马迁《史记》在线阅读 . 史记卷 [EB/OL].（2023-07-09）.http://www.uaut.cn/shiji/.

③ 张纳新 . 社会公平视野下合理配置社区体育资源研究 [J]. 河南师范大学学报（自然科学版），2011，39（3）：180-182，185.

二、城市社区公共体育资源合理配置的责任目标

（一）责任目标概述

1. 责任目标的含义

责任目标是开展一切工作的核心，它指的是在考核期内各责任中心应达到或完成的目标，其既是一项工作，也是一种任务。

2. 责任目标明确的要求

明确责任目标就是将目标分解为每个部门和每个人的工作目标，明确各个部门和个人在总体目标的实现中扮演的角色，针对目标分解进行协商，明确协调关系和协商要求，把责任目标落实下来。明确责任目标必须做到以下几点要求：（1）明确责任目标要基于责任制并与各种责任制相结合。（2）每个部门和个人都要同时明确总体目标和个人责任目标。（3）要明确责任目标的具体指标如质量、数量、时间、内容等，为之后的实施、检查和考核提供便利。（4）在各部门和个人的责任目标分配完成后，要根据所承担的责任目标来分配权力和资源，确保每个层次都能完成各自的责任目标。

3. 责任目标明确的方法

明确责任目标一般与目标分解、协商同步进行；明确责任目标要从上到下，按层次逐级落实，建立责任目标体系。

（二）城市社区公共体育资源合理配置的责任目标

《关于加强城市社区体育工作的意见》是由国家教委、国家体委、民政部、建设部、文化部共同颁布的，旨在通过社区体育工作的多种方式，促进社区成员的体育锻炼和健身活动，提供各种类型的体育服务，满足他们的体育需求，提高居民身心健康水平和生活质量，营造文明、健康、科学的社区生活。

为了顺利实现城市社区公共体育资源合理配置的一系列目标，在进行社区公共体育资源的配置时首先应使社区成员的体育运动需求得到满足，在这个前提之下适当扩大社区公共体育资源配置的规模，完善资源配置的结构，更加公平、迅速地进行资源配置，全面提高城市社区公共体育资源配置的效益。

（1）满足需求、保证质量。城市社区公共体育资源的主要作用是满足社区居民在空闲时间进行体育活动的需求。此外，在城市社区公共体育资源的配置中，要注重提高资源的质量，而非仅仅追求数量。质量指标衡量的是城市社区公共体育资源配置的适宜程度，即城市社区公共体育资源在满足社区居民的需求（包括

社区体育指导员、健身场所、健身咨询等）方面的配置是否充分。在保证质量标准的前提下，实现城市社区公共体育资源合理配置目标首先要合理分配社区公共体育资源。城市社区公共体育资源的规模、结构、效率与质量之间存在着相互作用、相互制约、相辅相成的复杂关系。只有根据各社区实际需求，科学地平衡和协调这几方面的因素，才能成功实现城市社区公共体育资源的合理配置。因此，需要平衡考虑质量和城市社区公共体育资源的规模、结构和效率等多个方面的关系，不能只追求大规模和高效率而忽略了城市社区公共体育资源配置质量。

（2）适度扩大规模。根据经济学理论，经济组织需要注意规模大小的适度性。当一个经济组织规模较小时，其生产成本高而获利较少。随着规模的增加，单位成本会降低，当规模达到一定水平后，若继续扩张，单位成本可能会不降反升。适度规模是指随着生产规模的增大，成本也会相应降低的规模范围。在城市社区中，公共体育资源的分配也需要注意合适的规模。资源的使用效率会受到规模过小或过大的影响。

目前，我国的城市社区的规模正在不断扩大。随着居民生活水平的提高，他们对社区体育资源的需求也日益增长。根据科学理论和实践经验，要适度扩大城市社区公共体育资源的规模，不能无限制地扩大。随着社会的发展和人们生活方式的变化，闲暇时间越来越多，人们对健身的需求也不断增长。因此，城市社区需要不断扩大和更新公共体育资源规模，以满足居民日益增长的健身需求。城市社区公共体育资源的规模扩大需要以科学的发展观为指导，制定发展规划时，必须考虑当地的实际情况和客观条件，满足区域经济和社会需求的要求，以确保社区公共体育资源与居民需求协调一致。某些体育资源如城市社区体育指导员需要花费很长时间来建设，因此，要根据社区居民对体育健身需求的程度来制定与之相匹配的发展规划，在符合社区体育的自然发展规律的前提下确定城市社区公共体育资源的规模。

（3）实现效率和公平的均衡提高。我们探讨资源配置的问题的最终目标是确保城市社区公共体育资源的可持续性。在城市社区公共体育资源配置方面，效率和公平是这个过程中配置者不断追求的两个目标，也是资源配置的内在逻辑中无法回避的两个概念。效率和公平属于两个不同领域的概念，效率属于经济学范畴，公平则属于社会学范畴。在城市社区公共体育资源配置的过程中，我们要平衡提高效率和维持公平之间的关系，这两者之间既存在互动也存在矛盾，并不是完全对立的。

公平与效率之间表面上似乎存在一种冲突，原因是有限的公共资源无法满足公平分配的需求。社区体育公平原则要求政府要平衡地分配公共体育资源，为社区居民提供平等的参与体育活动的机会和条件，以满足城市社区居民基本的体育健身需求。同时，我们必须意识到，我国仍处于社会主义发展的初级阶段，社会体育资源依然严重匮乏，体育财政投入也十分有限，为了满足社会整体的基本体育需求和国家可持续发展的要求，只能优先在经济较为发达的地区进行公共体育资源的分配，满足城市地区居民的公共体育资源的基本需求，因此才出现了效率与公平不可兼得的矛盾局面。

长远来看，公平和效率是相互依存、相辅相成的。在城市社区公共体育资源配置中，确保公平是提高效率的先决条件和核心目标，而提高效率则是保障城市社区公共体育资源公平配置的基本手段和物质保障。城市社区公共体育资源的配置既需要公平，又需要效率，这两者之间存在复杂的相互作用关系。如果在配置过程中能够实现有效的制度调整和正确的政策导向，就有可能达到公平和效率并存、相互促进的局面。

第二节　城市社区体育资源配置原则

城市社区公共体育资源的合理配置是一个融"经济目标、政治目标、文化目标"为一体的目标体系，更是一个"人道目标、价值目标、责任目标"三位一体的多元化的目标体系。在制定城市社区公共体育资源合理配置的原则时，要依据城市体育事业的具体发展规划，要面向社会，以科学发展观为基本理论指导，为社会发展的宏观全局服务，符合政治、经济、文化、教育、卫生等方面的基本要求。实现城市社区公共体育资源的合理配置这一目标需要遵循以下原则。

一、公平优先，兼顾效率原则

在社会公平的角度下优先考虑公平，这表明体育事业与其他社会事业相比具有利益性的特点。在当代社会中，人们已经将体育视为每个社会成员的基本权利，这也与现代奥林匹克运动的创始人顾拜旦所倡导的"一切体育为大众"（All sport for all）的口号相契合。1993年，联合国教科文组织发布了《国际体育与运动宪章》，其中提出了一个明确的观点："体育与运动实践是所有人的基本权利，每个人享有对于其个性全面发展必需的参与运动的基本权利。"① 我们在规划公共体育资源配置时应考虑到体育具备全民性和公益性的特点，需要平衡城乡、发达地区和贫困地区、汉族和少数民族、市民和农民、健康人群和残疾人群等不同地区和人群对体育的需求，从根源上满足群众的体育需求、提高群众体育运动水平、实现群众体育资源配置的平衡。

为确保全体人民能够共享中国体育事业的发展成果，各级政府在规划公共体育资源配置时须科学决策。公平与效率两者之间存在着一种密不可分的关系，要保证配置的公平性也要确保效率的提高，同时效率的提高也受到分配公平性的约束，这两者是相互影响的。也就是说，公平和效率是相互交织、相辅相成的。为了让公共体育资源被更有效地利用起来，我们应当在确保公平分配的基础上，注重提升其配置效率。受计划经济体制的影响，我国的体育资源现在存在着严重的重复建设和部门、单位之间的分割现象，这严重阻碍了体育资源的共享，同时也导致了体育设施和场地的短缺和闲置并存的情况。通过引入市场机制来分配体育资源，可以消除部门之间的条块分割和封锁，将各个单位的体育资源向公众开放。价格和竞争机制可以使体育资源配置到最需要、最有效率的部门和环节中，高质量、高产量生产体育产品和服务以满足大众日益增长的体育需求。

二、政府投入和社会运作相结合原则

根据《中共中央、国务院关于进一步加强和改进新时期体育工作的意见》，应当遵循统一要求，将体育经费和基本建设资金纳入本级政府的财政和基建投资计划，以确保随着财政收入增加而加大对体育的投入力度。根据《公共文化体育设施条例》，国家相关部门需要合作，将全国公共文化体育设施的建设纳入国民经济和社会发展计划。地方政府也需要将本地区的公共文化体育设施建设计划纳入当地的经济社会发展计划。这意味着公共文化体育设施建设将成为国家和地方经济社会发展的重要组成部分。根据国民经济和社会发展水平、人口结构、环境条件以及文化体育事业发展的需求，我们需要综合考虑数量、种类、规模以及布局等方面的因素，以达到公共文化体育设施的最佳配置。同时，用地面积也应符合国家规定的城乡公共文化体育设施用地定额指标。根据《全民健身条例》，县级及以上政府需要在财政预算中规划全民健身所需经费，并随着国民经济的发展逐步增加对全民健身的投资。彩票公益金由体育主管部门按照国家有关分配政策

---

① 司荣贵. 论体育资源合理配置的目标和原则 [J]. 西安体育学院学报，2004，21（3）：28-30.

分配使用，目的是促进全民健身事业的发展，符合国家规定。尽管政府对体育产业进行投资可以在一定程度上确保体育产品的公共性，但这也难以避免投资效益不佳、缺乏竞争机制和激励机制等缺点，进而导致难以满足社区居民不同的体育消费需求。

这就需要形成政府、市场组织、社会团体及个人共同参与城市社区公共体育资源配置的局面，充分发挥社会团体、组织和个人的力量，引入市场机制，并在公共资源配置过程中充分发挥其调节作用。通过体育场馆或体育俱乐部的有偿开放、发行体育彩票、转播体育比赛或出售比赛门票、争取大型公司及社会名流的资金支持和赞助、大力生产体育产品和服务等措施，促进体育产业的发展，允许体育旅游、体育中介、体育表演、体育培训、体育器材、体育服装、运动食品、体育药品、体育欣赏、体育信息服务以及体育比赛广告等非公益性的体育活动走向产业化、市场化以及社会化，在城市社区公共体育资源配置过程中实现政府宏观调控与市场调节的有机结合。

第三节　城市社区体育资源配置中的政府责任

一、政府在城市社区体育资源配置中的责任

政府是城市社区公共体育资源的主要提供者和管理者，应该制定合适的资源分配规则和保障措施，积极回应和满足居民对公共体育资源的需求，确保居民的生命健康权益得到保障，并承担相应的责任。根据上述对政府责任内涵的分析，在城市社区公共体育资源的分配中，政府的责任是指政府及其工作人员必须履行的职能和职责，包括完成任务和避免未完成任务所可能带来的不利影响。

为了让全民健身运动得以顺畅推进并长期发展，我们需要采取多种措施来推进公共体育设施的建设和维护，并保障人民群众平等享受体育权利。这些措施应当符合国家《全民健身条例》的规定。国务院还发布了《公共文化体育设施条例》，旨在全面规范公共体育设施的规划、建设、使用、服务、管理和保护，并让更多的人能够享受到这些设施带来的好处，满足他们开展体育活动的基本需求。因此，在推进政府改革、深化体育体制改革的过程中，我们需要转变政府的职能，并落实政府的责任，在城市社区公共体育资源的分配中扮演关键角色。

（一）城市社区公共体育资源配置的政府责任维度

1.政府要承担法人代表的义务

政府是城市社区公共体育资源的主要提供者，是推进改革并提供适宜的制度环境的第一责任人，需要确保社区居民能够获得充足的体育资源。然而，改革体育体制涉及政府和相关人员的权力和利益，因此往往会面临困难，有时甚至会有人故意阻挠或扭曲公共体育资源的分配。为了促进城市公共体育资源配置改革，政府和政府官员应承担起职责，协调各部门间的合作，以确保体育资源得以平等共享和有序发展。

2.政府要做到有所为有所不为

一些地方政府机构也在努力推动城市社区公共体育资源的改革，并在公共体育资源的分配方面发挥了重要作用。尽管如此，政府在一些事情上有过度干涉的情况。与此同时，政府原本应该治理的事情则被疏忽或处理不得当。在城市社区公共体育资源配置改革过程中，政府也应当更加关注其细节并采取切实有效的措施。城市社区公共体育资源配置创新的主体是市场调配。这意味着市场机制起着至关重要的作用。这也是城市社区公共体育资源配置所确定的一条基本原则。因此，在改变城市社区公共体育资源配置方式和提高体育产业水平的过程中，政府应该避免通过行政手段垄断市场，干预体育资源分配，与民争利。政府要做到有所为有所不为。如果我们仍然保持陈旧的体育资源配置机制，并且由政府主导和对体育资本依赖较高，可能会导致一次新的"洋跃进"式投资高潮。这样一来，公共体育资源将会呈现出分散、闲置和浪费的情况。

政府要在履行职责的同时，避免做背离职责的事。政府在某些方面应该保持"缄默"。例如，不应干涉体育资源配置项目；避免设定特定的技术路线；不要非法创建"行政许可"和"市场准入"；为维护公平竞争的氛围，应当避免对特定城市采取过于偏向的政策倾斜。目前有一种常见的说法，"肥水不流外人田"，即争取到国家或地方的补助后，直接拨给特定的城市。一般而言，为了消除外部性所造成的负面影响，可以给予补贴，不过这种补贴必须在市场竞争之前进行。还有就是向需方提供补给，补给消费者。这样才能促进良性竞争，从而提高效率。

（二）城市社区公共体育资源配置中的政府责任限度

市场应该在城市社区公共体育资源配置中发挥主导作用，而政府的责任则是提供必要的支持和监督。以市场经济的原则为导向，调整城市社区公共体育资源配置。市场经济是一种经济体制，其基本特征在于资源配置取决于反映供求关系的价格机制，也就是市场机制，按照市场经济规律来调节资源配置。但实际情况还是和理想情况有出入，政府在很多重要资源的配置上仍发挥着主导作用，尤其是针对公共体育资源的直接掌控，并且这种主导作用还在不断加强。这种状况既降低了体育资源的配置效率，也滋生了腐败现象，引发了民怨。因此，政府需要界定与社会的职责分配，并实施管理与运营的分离，将不应由政府行使的职能转移给体育社会团体或市场。只要政府降低作为市场参与者的角色的存在感，由"全能型政府"观念，逐渐转变为"有限型公共服务政府"，就能更好地纠正市场失灵问题，这也就意味着政府在市场中的积极作用得以发挥。如果市场竞争的条件公平，市场主体会努力提高城市社区公共体育资源配置的效率和竞争力，这会促进城市社区公共体育资源的共享，营造出一个全社会都致力于提升城市社区公共体育资源质量和效益的氛围。这种氛围将更有利于城市社区体育事业的稳健发展。

（三）政府保障城市社区公共体育资源的合理配置的依据

1. 公共产品性质是政府对城市社区公共体育资源配置承担责任的基本依据

在公共产品理论中，常常以消费的排他性和竞争性这两个基本特点作为分析公共产品属性的依据。满足非竞争性与非排他性的产品被称为纯公共产品，例如国防事业。然而，在实际生活中，很少有纯公共产品。一些产品虽然在消费方面具有非竞争性，但从技术层面上来看，却很容易实现受益的排他性。一些产品在消费方面有竞争性，但由于排他的成本高昂，很难在技术上实现受益的排他。前者指的是俱乐部产品，例如公共桥梁、公共游泳场和公共电影院等等。后者被称为公共资源。例如，现实中的公共渔场、牧场等，它们属于准公共产品，准公共产品既不属于私人产品，也不完全属于纯公共产品，而是介于二者之间，并且具有一定的公共产品属性。

根据这个理论，可以得出如下结论：城市社区体育资源是一种具有不完全的非竞争性和非排他性的公共物品。随着社区居民数量的增加，虽然其效益仍然可以被居民共同享有，但消费拥挤现象会导致每个人所得到的收益逐渐减少。城市社区公共体育资源的基本特征是固定不变的，即使资源的提供者发生变化，这个资源仍然是准公共产品。就这个问题而言，政府需要改变以往的观念，认识到城市社区公共体育资源的准公共产品属性，并视为公共服务的关键组成部分之一。因此，政府应当在管理、财政、政策和服务等方面承担责任。

2. 外部性理论是政府对城市社区体育资源配置承担责任的重要依据

外部性又称外部影响，即某些社会的收益和成本不同于市场价格反映的情形。

购买者可能得到一些收益，售卖者可能承担一些成本，但是其他没有参与市场交易的人也会得到收益或负担成本。前者指产品的正的外部性，后者指产品的负的外部性。城市社区体育资源不仅能够造福直接的使用者，同时还能对整个社会带来积极的外部性。社区居民在充足的体育资源供给和优化的资源配置下，满足自身的体育需求。这扩大了每个人参与体育的机会，缓解了社会矛盾，对于建立和谐社区具有重要的积极影响。此外，社区体育资源可以有效地促进居民保持健康的身体状态，提高身体素质并增强体力，使人们保持头脑清晰、思维敏捷，可以增强人们的学习、工作效率和生活质量。社区体育资源的充分利用有助于减轻和消除社区居民的负面情绪，促进社区居民之间的沟通与互动，增进彼此之间的相互理解和友谊。另外，我们可以增加社区文化活动的多样性，提升居民的体育文化素养，建立健康的生活方式，促进精神文明的建设。

这表明，城市社区体育资源配置是一项具有显著正外部性和公益性的事业。城市社区的体育资源合理配置，能够为社区居民创造多种福利及满足他们的需求的同时，也具备公共资源特点，同时也承担着重要的社会文化使命，为国家和社会创造了重大效益。政府作为社会公众利益的代表，必然肩负着承担城市社区体育资源配置的责任。

3. 市场失灵理论是政府干预城市社区体育资源配置的主要依据

城市社区的体育资源供应方式越来越多样化，体现了市场化的倾向。具体而言，在城市社区体育资源配置的过程中，更多地依据市场规则，而非单纯依赖政府干预来实现，市场成为关键的决策因素。由于市场机制存在固有的缺陷，城市社区体育资源配置过程可能会出现市场失灵现象。美国著名经济学家萨缪尔森指出："市场不是理想的，存在着市场失灵。"[①] 此外，需要指出的是，我国正处于逐步完善市场经济的过程中，城市社区体育资源的市场化分配机制还未充分发挥作用，原因是相关外部环境因素仍未得到彻底改善。毫无疑问，在这种情况下，有些人会急于追求个人利益，甚至不惜牺牲体育的公益性。因此，为了维护体育的公益性，政府可以采取各种规章制度来规范各级体育部门和城市社区公共体育资源的供给主体的行为。这样可以有效防止任何有害体育公益价值的行为。政府需要增强管理能力，监督城市社区体育资源配置，以弥补市场调节机制的缺陷，纠正市场失灵，促进城市社区体育资源的更好分配。

---

① 保罗 .A. 萨缪尔森，威廉 .D. 诺德豪斯；萧琛译 . 经济学 [M]. 北京：首都经济贸易大学出版社，1997.

（四）城市社区公共体育资源配置的政府责任实现

为了充分履行政府在城市社区公共体育资源配置方面的责任，我们需要先了解城市社区公共体育资源配置的状况，并寻找城市社区公共体育资源配置过程中的问题和质量不高的原因，以此来寻找提高城市社区公共体育资源配置质量的有效方法。需要研究并制定可操作的实施方案，以优化城市社区公共体育资源配置，并提出相应的政策建议，以针对性解决问题。为了实现这一目标，政府有责任优化城市社区公共体育资源配置。方法如下。

（1）对于非公共体育资源的配置主要依靠市场行为来完善。利用市场机制，可以有效地决定私人企业或民营企业提供的各类体育资源的公平分配。工商部门应当履行行政监管职责，维护市场公平竞争，提升体育资源利用效率。

（2）为了顺应行政机构改革的潮流，我们需要更进一步地完善体育行政机构的职能，并明确相关工作职责。目前，国家正在推行大部制改革，其特点在于将一个部门的管理范围扩大，将多种相关业务交给同一个部门负责，以最大程度上避免政府职能交叉、政出多门和多头管理，以此来提高行政效率并降低成本。推行大部制的同时，政府的主要职责为提供公共产品和公共服务，以此规范政府权力并使之回归公共服务。当前，城市社区公共体育资源配置中存在职能交叉现象。例如，尽管商业性体育赛事已经获得工商部门的许可，但仍需向相关体育行政部门备案或审批。这种情况很可能导致各部门各自为政，出现问题时相互推卸责任、踢皮球，造成管理上的"缺位"。然而，当利益驱动出现时，各方可能会为了名利权衡不相让步，从而导致管理上出现"越位"。因此，相关体育行政部门应当顺应改革潮流，注重城市社区公共体育资源配置，放手让市场分配非公共体育资源。同时，工商行政机关需要行使监督管理的职责。

（3）与体育有关的行政机构应当依据法律规定，负责合理配置体育资源。所有相关的体育行政机构在处理体育资源配置任务时，必须遵守我国现行法律法规的规定，确保合法合规。例如，《国家全民健身条例》和《公共文化体育设施条例》这样的法规。按照《中华人民共和国反垄断法》第八条规定："行政机关和法律、法规授权的具有管理公共事务职能的组织不得滥用行政权力，排除、限制竞争。"在某种程度上，市场经济也可以被称为法治经济，因为市场上的市场主体和管理者都必须遵守法律法规，不能仅依赖个人的权力来决定立法、执法、仲裁和解释。作为公共服务部门的体育行政机构，在参与多种营利性体育产品的开发时，其自身的公益性变得模糊不清。这也导致了如何界定体育资源的公共性或非公共性变得具有挑战性。将体育行政部门恢复其原有职责，这不仅符合体育行政部门职能改革的必然趋势，更是市场经济对城市社区公共体育资源分配中政府行为的基本要求。

二、城市社区公共体育资源配置的政府责任定位

维护社会公共利益是政府的重要职责之一，特别是在社会利益分化和重组的过程中。政府还需要控制不同社会集团之间的利益冲突，以确保社会稳定。

（一）政府是城市社区公共体育资源的提供者

城市社区体育是贯彻《全民健身计划纲要》的关键环节，也是协调体育、经济和社会事业发展的有效途径。城市社区体育项目，可以提升居民的整体素质，达到提高国民素质的目的。为了满足城市社区居民的基本体育需求，提升居民身心健康水平，城市社区公共体育资源应当被视为公共产品，政府有责任为其提供必要的服务。只有明确政府的职责范围，并规范其行为，才能科学高效地提供城市社区公共体育资源。这种特殊的公共产品，使社区体育公共服务的福利性和公益性得到充分体现。此外，政府还可以为城市社区提供公共体育资源，以确保地方体育部门服务的高质量，进而提高其工作效率，推动体育资源的合理配置与使用。政府通过提供社区公共体育资源和正确引导居民健身，促进了公共体育资源的有效利用，各级体育政府部门也能够在各自的职责范围内提供高质量的服务。避免存在体育资源在经济繁荣地区得到集中分配而在经济落后地区得不到充分配置的现象，造成体育资源的巨大浪费。

（二）政府是城市社区公共体育资源配置的宏观调控者

政府应当承担提供城市社区公共体育资源的责任，对这些资源的利用进行适当的引导、规划和分配。首先，政府需要为城市社区公共体育资源的发展创造一个良好的舆论环境，加大对城市社区体育的宣传力度，让人们更全面地了解城市社区公共体育资源的发展，从而提高社区居民对其的信任度。其次，可以引入市场竞争机制的方式。在城市社区公共体育资源的分配过程中，政府可以通过招标的形式，鼓励企业、事业单位、社会团体或个人等投资，这有利于政府更加合理地规划和配置城市社区公共体育资源。再次，政府除了监管地方体育部门，还应该向社区居民公开体育公共服务的质量信息，以避免信息不对称导致的体育资源浪费问题。最后，政府在城市社区中需要协调多个相关部门，如财政、计划、民政、

人事、教育、建设、公安、宣传、劳动和社会保障等部门，为社区优化公共体育资源配置提供更好的条件。

（三）政府是城市社区公共体育资源配置的监管者

社区体育的发展取决于城市社区的体育资源，它是社区体育发展的基础、条件、内容和手段，其数量和质量的优劣，以及利用效率的高低，都是直接影响社区体育发展的关键因素。为了确保社区居民享有公共福利性质的体育资源，政府需要对资源配置进行严格的监督，并制定详细的市场准入标准。此外，政府还需要监督体育部门的工作人员和从业人员的服务质量及技能水平，并进行定期或不定期的检查，确保资源分配合理、规范。从一方面来看，政府可以通过建立民主的监督管理制度，积极收集社区居民的反馈意见，根据他们的需求和期望进行资源分配，并且制定相应的奖励和惩罚政策来确保体育资源的公平使用和管理。从另一方面来看，政府应该积极促进城市社区的公共体育资源配置，并将对这方面的监管融入日常行政事务中，同时将对城市社区公共体育资源配置的监管质量纳入政府绩效评估的考核内容。

三、政府责任履行的路径选择

在城市社区中，公共体育资源的配置是具有综合性、公益性、公正性、福利性等多方面特征的。政府作为社会公共利益的代表，有责任组织、监督和建设城市社区公共体育资源，确保其适当配置。因此，如何确保政府责任的履行成为摆在我们面前必须要解决的问题。

（一）强化领导，合理配置资源

城市社区公共体育资源的配置是一项复杂的系统性工程，其公益性质决定了政府在整个过程中的作用不容忽视。政府作用的发挥对资源配置工作的成败至关重要。这意味着政府应该投入更多的资源，为城市社区公共体育资源配置提供更大的支持，确保政策和措施得到落实和实施。

首先，确保有效的组织领导，以支持政府履行其责任。目前，我们需要加强政府在城市社区公共体育资源配置方面的组织和领导，积极营造城市社区公共体育资源配置的开放环境。城市社区公共体育资源配置涉及多个政府机构的协同合作。为了更好地分工协作、确保政府职责得以落实，建立一个由多个部门组成的领导小组则显得更为必要。我们需要在实际的工作中，用"树立科学发展观"和

"五个统筹"的要求，作为指导原则，来促进城市社区公共体育资源的合理配置工作。这包括明确政府的职责，并在基层深入展开调研和指导工作，协调各种社会利益关系，以更有效地推动城市社区公共体育资源的配置。

其次，必须合理分配社区的公共体育设施资源。如果没有政府进行宏观调控，城市社区公共体育资源的优化配置很难顺利实现，因为市场经济存在自发、趋利和盲目等缺陷。当前，城市社区的公共体育资源并不占据城市资源的优势地位。因此，政府应该整合和重新配置城市资源，以优化社区公共体育资源的使用，并增强城市社区体育公共服务的供给能力。同样重要的是，我们要在社区公共体育领域做好引导和推动工作，发展公共服务系统，提供更加高质量、高效的服务，以确保城市社区公共体育资源得到合理的配置和优化，为社区居民提供更加优质的服务。

（二）加强立法，注重政策引导

政府应该借鉴国外城市社区公共体育资源配置的成功经验，将之用于我国城市社区公共体育资源的分配。在城市社区公共体育资源配置方面，各国政府已经认识到仅仅依靠宏观政策是不够的。为了确保相关政策得到有效贯彻和顺畅执行，必须配备相应的法律法规和制度。那些在城市社区成功配置公共体育资源的国家，通常都有严谨的法律规章制度体系，覆盖了社区体育公共服务建设的多个方面，以确保有效的规范化管理。从相关内容可以看出，城市社区公共体育资源配置的政策，包括经费支出、社区公共体育资源配置的补偿机制、社区体育公共服务机构设置等方面的设立。我国相关的体育部门或法律部门需要加快制定社区体育公共服务的相关法律，以保护城市社区居民在体育方面的合法权益。同时确保城市社区体育公共服务部门在公共体育服务体系中得到法律保障，并促进社区居民参与体育活动的积极性。

各级政府体育部门需给予更多的政策引导。第一，集中关注与社区居民利益相关的政策，如是否能够让城市居民的医保与社区卫生服务机构对接，在社区就医的报销比例如何规定，以及社区公共卫生的提供方式等多个方面的内容。第二，政策的制定应该由各级政府主管部门在充分听取各方专家的建议的基础上，广泛征集社区居民的意见，甚至可以开听证会，反复论证和确定政策方案。第三，相关部门应当担负起制定各项政策的责任。财政部门创立专项资金，用于城市社区公共体育资源，并预留启动经费。物价部门需要制定和完善统一的价格补偿制度。人力资源部门和体育部门需要制定符合当地实际情况的社区体育指导员服务制度，建立健全的社区体育指导员任职资格制度。城市建设规划部门需要出台政策，促进社区体育场地设施的建设。第四，逐步完善社区体育服务的补偿政策。积极研究符合当地社区体育公共服务需求的补偿方式，制定政府购买社区体育公共服务的具体内容和标准。

（三）加大政府投入，注重投入的取向性

毫无疑问，政府应该加大对城市社区公共体育资源配置的投入。但即便投入大量资源，如果方向不正确、方式不合理，也无法达到预期的效果。政府主要通过政府购买和收支两种方式，向城市社区投入公共体育资源。这些资源的投入方向不仅包括基本场地设施的建设和维护，还包括基本器材设施的配备、人员培训和公共体育服务补助等多个方面，同时也包括对社区体育参与人群的投入。在当前阶段，政府在城市社区公共体育资源配置方面的投资应该遵循什么取向？

笔者认为，由于各地经济社会的发展水平差异较大，政府应该根据不同社区的具体情况，采用针对性更强的公共体育资源配置投入方式。在那些区级政府财政状况较为良好的地方，可以在政府举办的社区体育公共服务机构中实行收支分离的投入方式。此外，还可以通过优化社区体育公共服务机构的内部机制和开展多元化筹资，来进一步拓宽筹集资金的渠道，逐步实现收支两条线。这种投入方式的核心理念是以社区居民为核心，以资金追随社区居民为出发点，体现了人本主义的精神和政府亲民的形象。这种投入方式还能够提高城市社区公共体育资源配置投入的效率和公平程度。

（四）创新政府责任管理机制

政府责任的落实关键在于创新政府责任管理机制。责任管理机制旨在实现政府和公民之间互动式的协调安排，以达到让政府与公民调换部分权力的目的，从而激发政府对公民需求的积极响应，并确保政府在行使权力时不会对公民的利益造成损害。杜恩等人曾说过："责任机制在民主政策中的最终目的在于确保政府对公民偏好和需要的回应。"[①] 要确保政府能够有效履行城市社区公共体育资源配置的职责，有必要建立和完善一系列责任管理机制。

（1）政府信息公开制。公开城市社区公共体育资源配置信息是确保政府权力受到制约和督促政府履行责任的重要措施之一。要实现政府信息公开，首先需

---

① （美）珍妮特·V.登哈特，罗伯特·B.登哈特；丁煌译.新公共服务：服务，而不是掌舵（中译本）[M].北京：中国人民大学出版社，2004.

要确立政府权力运作的规程，建立健全的信息资料公开制度并积极推行电子政务，及时发布相关信息于政府网站，以提升政府管理的透明度。比如，制定针对性的国家政策，推动社区体育和政府之间的互动；建立一个平台，让政府与社区居民相互交流，广泛征求社区居民的意见；等等。

（2）政府官员问责制。政府工作人员在行使权力时，必须承担相应的责任，这是实行"问责制"的前提条件。中共中央通过了《党政领导干部辞职暂行规定》，明确规定领导干部必须为所拥有的权力承担相应责任。任何重大事件或事故的责任一旦明确，相关责任人必须为此辞职。只有建立可查明且真正行之有效的责任追究制度，政府工作人员才能明确自己职权的相应责任，并逐渐树立起依法行政、责任行政的观念，从而确保社区居民的权益得到合理保护。

（3）公民参与责任维护机制。获得社区居民的"自下而上的监督"，对于政府城市社区公共体育资源配置责任的落实至关重要，需要得到社会各界的支持。这涉及管理公民的政治参与以及确保社会各界对政府行为有效地施加影响的问题。政府举行公开听证会，听取社区居民和专家的意见，以确保涉及社区公共体育资源配置的政策、规划和决策符合社区居民的利益。

此外，社区居民可以选择加入社会组织，将个人诉求转化为组织的共同呼吁，以引起高度关注并监督政府及其工作人员的行为。除了上述方法，还可以使用法定途径来保障自身权益，如参加政治选举投票、对政府工作人员的行为提出批评建议或对相关人员未尽到应有的职责进行质询等。

第四节　城市社区体育资源配置中的路径选择

一、深化财政制度改革，提高财政配置绩效

各级地方政府部门需要更加深刻地认识到，在城市社区中合理配置公共体育资源的重要性。城市社区公共体育资源配置是一项对公众有益的工程，并且是文化建设的重要一环。在此强调需要各级政府部门（尤其是体育部门）认识到该工作的重要性，并将之纳入城市建设规划和经济社会发展规划，予以充分关注。明确职责和分工，增强各部门之间的合作和协调，采取共同协作、合力推进的方法来实现目标。只有这样，才能确保城市社区公共体育资源得到合理配置。考虑到我国的财政状况，我们无法在城市社区公共体育资源配置上大幅度增加财政支出。

因而，需要深化财政制度改革，增强地方政府在分配公共体育资源方面的能力。

首先，要明确各级政府在城市社区公共体育资源的分配方面所承担的责任。按照现行事权分配原则，中央政府应致力于确保城市社区的公共体育资源公平分配，并强化再分配的职能。中央政府和地方政府应该合作，共同实现城市社区公共体育资源的合理配置。其次，加强预算管理和监督，对预算制度进行改革。建立财权和事权相对等的公共体育资源配置财政体制。为了确保各级政府体育部门在社区公共体育资源配置方面具有足够的经济支持，给予各级政府体育部门与供给城市社区公共体育资源责任相当的财政权力。再次，加大社区公共体育资源配置财政转移支付力度，以提高其完备度和可用资源的规模。改良现行的转移支付制度，完善和规范中央财政对地方的转移支付制度与体系。在纵向转移和横向转移相结合的基础上，进一步加大中央政府和地方政府之间的纵向转移力度，并调整转移支付结构。根据各省（包括自治区和直辖市）下属县、市、区的经济发展状况和体育资源配置情况，适当设立专项资金，保证资金用于专项目的，从而实现财政资源的均衡分配。这种方法可以增强地方政府社区公共体育资源配置能力，减少不同城市社区公共体育资源配置方面的差距。

二、引入福利多元化理念，构建多元化配置模式

近年来，虽然我国城市社区公共体育资源配置有所改善，但依然存在不少问题需要解决，以满足更广泛的社区居民体育需求。各级政府体育部门需要改变思维方式，放弃以政府作为城市社区公共体育资源配置唯一主体的传统想法，应该在合适的情况下引入"购买服务"的机制。尤其是在城市社区公共体育资源配置面临资金短缺的情况下，可以将配置责任下放给私营机构和社会团体，让更多的主体参与其中，拓展更多融资渠道。这种"多主体、多方式"的配置模式，可以促进城市社区公共体育资源配置主体的多元化，并使政府组织、社会机构和私营组织之间形成竞争和合作的格局。

城市社区现在越来越倾向于以多元化和多渠道的方式配置城市社区公共体育资源。这意味着在城市社区公共体育资源配置中，将有越来越多的不同主体参与，并借助不同的渠道分配。为了实现城市社区公共体育资源配置主体多元化的格局，政府需引入市场竞争因素，促进城市社区公共体育资源的市场化和社会化。第一，我们需要加快建设服务型政府，在城市社区公共体育资源配置中确保政府能够发挥主导作用。引导各级政府转变观念，将重心从"金牌至上"转向"公共

服务"，促使它们由"管制型"政府转变为"服务型"政府。第二，政府的体育部门应该转变对市场的排斥心态，在分配城市社区公共体育资源时认识到市场的重要性，积极借助市场机制作为政府部门在城市社区公共体育资源配置中的有力补充手段。第三，可以进行制度创新，建立一种激励市场组织和社会团体等社会力量积极参与城市社区公共体育资源配置的制度机制。通过与供应商建立平等的服务购买关系，并采用合同外包、采购招标、成本补贴、特许经营、税收优惠等多种方式，来逐步构建多元化的配置体系。这样可以实现更好的资源配置和经济效益。第四，在鼓励社会力量参与的同时，对社会团体和市场组织等力量进行规范管理和监督，建立有效的绩效考核机制，以确保合理分配城市社区公共体育资源。同时，对那些为社区公共体育资源的配置作出显著贡献的社会力量提供物质或精神奖励，以激励他们持续支持和参与社区公共体育资源的配置工作，形成政府、市场组织、社会团体和社区居民共同获益，多方共赢的局面。

三、引导公民积极参与公共体育资源配置决策

保障公共体育资源合理配置的关键，在于尊重社区居民的主体地位。过去，地方政府往往没有充分考虑社区居民的需求和意见，而是自行决定城市社区公共体育资源的配置方案，导致社区居民只能被动接受安排。部分建设措施也许能够弥补城市社区公共体育资源配置的不足，同时满足社区居民多样化的体育需求。但是也有很多建设项目缺乏社区居民的积极参与，导致了部分建设项目只是形象工程，没有真正满足社区居民的体育需求，最终导致公共资金浪费。因此，为了确保社区居民在城市社区公共体育资源配置中得到充分参与和决策的机会，必须尊重他们的主体地位。尊重社区居民的主体地位，使他们能够有效地参与和决策城市社区公共体育资源的配置，并不意味着否认政府在该过程中发挥主导作用的重要性。政府在资金投入和决策方面起着至关重要的作用，只有充分发挥政府的主导作用，城市社区公共体育资源的合理配置才能真正见效。服务型政府是现代政府的本质，政府的权威性和合法性取决于其所提供服务的质量、效率、有效性和数量。尊重社区居民的主体地位是政府发挥主导作用的基础。当制定和实施城市社区公共体育资源配置方案时，应与社区居民进行充分的沟通和交流，以便主动听取社区居民的想法和建议。

目前，要优先解决的是改变传统的"自上而下"的城市社区公共体育资源配置决策机制，以确保社区居民在公共体育资源配置中参与和决策的权利得到切实

保障，从而彰显其主体地位。政府应当考虑社区居民的想法和意见，并与他们合作。这将有助于优化决策过程，更好地满足社区居民的需求，在民主决策和资源分配过程中发挥更大的作用，便于对居民提供相关服务。建立更好的表达机制，支持社区居民对公共体育资源需求的表达。建立反映社区居民需求意愿的表达机制可以通过以下途径达成：首先，可以采用调研的方式。我们可以选择一些具体的配置方案样本，通过访谈、调查问卷等方式，来深入了解社区居民在体育方面的真实需求，以此建立一种"由下而上"的决策模式。这种方法能够确保我们更有效地满足居民的实际需求。其次，我们需要研究并实践"一事一议"的模式。也就是说，通过采用"一事一议"的决策方式，让社区居民有机会真实地表达对公共体育资源的需求。为了让政府更加准确地了解社区居民对公共体育资源的需求，同时让居民更加方便地表达自己的意见，需要建立一个可靠的信息交流平台。通过这种方法，政府可以作出科学决策，将城市社区公共体育资源配置得更加合理。

第四章　城市社区体育中心的构建与发展

本章内容为城市社区体育中心的构建与发展，主要从三个方面进行了介绍，分别为城市社区体育中心的概述、城市社区体育中心的功能与类型、城市社区体育中心的发展策略与路径。

第一节　城市社区体育中心的概述

一、社区体育中心

（一）社区体育中心定义

社区体育中心是一种综合性社区体育设施，是社区提供的运动健身场所，并配以其他附属设施。它能够满足社区居民进行多样化体育运动的需求，同时也提供了休闲及娱乐功能。它是一个建筑空间体系，由众多功能单元复合而成，不是简单的空间排列，而是有机的复合空间。相较于只能用于某个特定用途的体育馆，社区体育中心拥有多功能复合的特征。

（二）社区体育中心等级划分

我国制定的居住区公共服务设施配套标准，参考的是《居住区规划设计规范》（1995 年版）。该规范按照人口规模的不同，将居住区划分为三个等级：居住区（30 000～50 000 人）、居住小区（7 000～15 000 人）、组团（1 000～3 000 人），形成了"居住区—居住小区—组团"层级结构。因而，笔者也依据居住区居民人数的差异，来划分社区体育中心的级别，即标准级社区体育中心—小区级社区体育中心—组团级社区体育中心。其场馆的室内面积指标分为标准级社区体育中心（3 500～5 000 平方米）、小区级社区体育中心（1 500～3 500 平方米）和组团级社区体育中心（小于 1 500 平方米）。这些指标并非一成不变，可以根据社区的实际情况灵活调整。社区体育中心和居住区公共服务设施系统拥有相似的属性，因此被视为社区体育重要的组成部分。社区体育中心的使用存在距离衰减现象，离居民居住地越近，使用频率越高。

二、城市社区体育中心复合化设计

（一）相关概念

1. 复合

"复合"可以被定义为将两个或更多的元素、部分或组件组合在一起，形成一个整体或更复杂的系统。"复"表示多个物品或元素的叠加或聚合，"合"则代表不同部分或元素的融合和重新组合。复合是指事物的各个组成要素之间聚集、叠加、重组，融合形成一个新的整体。除了拥有各种要素的特征，这个新的有机体还表现出了一些全新的特性。复合不是简单地将不同的成分混合或集成在一起，而是指将相关联的各部分相互作用，优化组合，进而创造新的效果，从而使整体效果优于各个部分的单独效应之和，建立在秩序的基础之上，是有秩序的集合体。

2. 复合化设计

复合化设计是指同一个空间可以融合多种功能的能力，或者通过空间的交叠和并置，在同一空间中实现多功能多层次的存在和交叉。它可以分别独立使用，也可以结合起来用于一种用途。除了起到分隔和围护的作用之外，空间界面也扮演着传递信息的重要作用。

通常，不同功能空间的复合顺序是根据它们之间的相关性特征确定的。

（1）多功能的互动与激发

在设计过程中，需要思考不同功能空间之间的相互作用，包括渗透、兼容等，同时要构建积极的空间秩序，以便不同的功能可以协调共存，并形成"聚集效应"，从而提升整体效能。

（2）功能分时运营

在复合化建筑中，各个功能通常在不同的时间段内运营。举个例子，社区体育中心吸引的人群通常在白天参与体育活动和社区服务，而餐饮服务则在中午或傍晚时段达到高峰。为了避免人群过度聚集引发拥堵，我们需要合理安排开放时间，根据人流情况规划。为了更有效地利用空间，应针对不同的年龄群体和运动类型采取不同的时间分配策略。在社区体育中心的设计中，应当充分考虑利用分时经营的方式，将不同的功能组合在一起，使它们能够全天候相互补充，从而保证建筑空间得到最大限度的利用，并保持可持续发展的活力。

（3）功能组织的集约化

在有限的土地资源条件下，建筑应采用紧凑、有序、高效的功能空间组织模式，以实现资源的集约化管理。优化建筑空间的利用可以帮助缓解城市土地资源的短缺，从而弥补土地资源紧缺导致功能不足的问题。

（4）功能可视性

功能可视性指的是不同的功能单元可以感知彼此的空间氛围。建议将相关功能空间尽可能地靠近彼此安排，例如将运动空间和休闲 / 餐饮空间等相关的空间放在一起。为了增强社区居民的社交互动，空间设计应保持适当的开放感和透明度，同时满足使用功能的需求。

3. 社区体育中心复合化设计

对社区体育中心进行复合化设计，可以加强不同功能区域之间的联系，融入积极元素，改善建筑空间氛围，打造更加舒适宜人的建筑空间环境。在建筑内部，各功能空间相互促进、相互制约、相互依存。复合化设计旨在在确保良好秩序和使用的基础上，促进社区体育中心建筑的资源高效共享和集约利用。另外，这种复合化设计的结果并不是单纯的数量上的叠加，而是多层次、多属性、多文化的融合，是一个系统化、可持续发展的有机体。

（二）社区体育中心"复合化设计"与"多功能化设计"异同

从社区体育中心的功能层面上，多功能化设计更多地考虑如何优化和组合不同的功能，以实现更多的效益。社区体育中心的复合化设计不仅考虑到了多种功能的最佳组合，还考虑到了其他方面的复合设计。如建筑空间层面、文化层面、结构层面、技术层面以及材料层面等，这些都是组成建筑的重要元素。建筑复合化设计的涵盖面比多功能化设计更广泛、更全面，多功能化设计是复合化设计的一个重要组成部分，但不能简单地视为与复合化设计等同的概念。因此，社区体育中心作为一个综合性建筑，在未来的发展中不仅需要增加功能的多样性，还需在空间、文化、材料、结构等多个方面多元复合化发展。

（三）复合化存在基础

1. 功能基础

（1）社会需求的多元

城市是由各种年龄、不同文化和职业背景的人群组成的社区的集合体，这些社区是城市的基本单元。社区内的不同群体在体育活动方面有着独特的需求和多样性特点。当前社区体育活动的类型相对单一，以室外健身项目为主，而且环境较为恶劣，无法满足人们健身的需求。因此，居民需要更多的室内体育活动设施。为此，建设类似社区体育中心这样的综合体育场馆，提供多元化的选择，促进社会大众的互动交流，已成为刻不容缓的任务。

（2）同一类型功能可以融合

社区体育中心的体育设施具有多样性的特点，包括多种体育活动项目。如果每个项目都在建筑内部独立设置设施，那么建筑规模将变得庞大、建设成本会增加，同时使用也会变得不太方便。因此，可以考虑将同类型的体育项目融合，以达到更加高效、经济的运营。在规划建筑内部功能时，考虑到社区公共资源的有限性，可以采用同类功能组合设计的策略，即将相同类型的功能安置在同一建筑空间，如将篮球、羽毛球、排球、乒乓球等运动融合在同一大空间中。这种做法既可以有效节约资源、提高效率，又不会改变运动的本质。

（3）不同类型功能具有共存性

社区体育中心的主要目的是为社区居民提供一个高质量的运动场所，虽然提供各种类型的运动项目可以满足居民在健身方面的需求，但却无法满足他们对文化、医疗和娱乐等其他方面的需求。尽管社区还设有其他公共服务设施，如医疗保健、商业服务和基础教育设施等，但考虑到社区的公共土地资源和经济条件的限制，不能为每一种公共服务设施分别提供场地。因此，将多种公共服务设施组合在一起设计建设，将带来很大的社会和经济效益。

2. 空间基础

随着个人经济水平的提升，人们对居住和工作环境的标准也越发苛刻。人们开始注重空间的形态、规模、结构、色彩、节奏以及周围的自然环境等因素。社区体育中心作为社区公共建筑，根据其场地位置、功能构成和社会属性的不同，其空间复合可以呈现出多种可能性。

（1）功能多样

由于社区体育活动项目的多样性，建筑空间需要满足不同功能的要求。在面积上，这些功能要求的空间大小从十几平方米到几百平方米不等，不同运动项目对建筑空间高度的需求存在较大差异。例如，篮球、排球或羽毛球等运动，需要更高的建筑空间；而乒乓球、台球或瑜伽等运动，则不需要特别高的建筑空间，通常三米层高就能够满足需求。在同一类型的空间内，功能多元化和空间组合能力强，可以满足居民多样化的需求。运用多样化的空间类型，合理组合优化，创造特殊的建筑体量，吸引居民踊跃参与。

（2）技术条件提高

随着科学技术的进步，结构材料和形式变得越发多样化，传统的建筑空间不再受到限制，某些大规模的空间式建筑得到很好的发展。例如，像社区体育中心这样的建筑需要具备宽敞的空间和无柱支撑的结构。现代技术条件的提高为社区体育中心的发展提供了保证，社区体育中心得以更加完善，能够适应不同的空间复合模式的需求，空间向复合化发展成为可能。

（3）与其他功能空间组合

社区体育中心不仅内部实现了功能空间多样组合，同时也与外部的其他功能空间集聚组合，实现了更加丰富的空间复合。通过将商业空间、文化空间和城市空置空间相融合，社区体育中心成功打造出了一种全新的空间体系，促进其自身的可持续发展。这样做有助于打造一个多元化的社区环境。例如，在社区体育中心内部增加咖啡厅功能，让运动爱好者能够在锻炼后享受舒适的休息环境。

（4）人们对自然空间渴求

随着城市化进程的不断推进，社区居住环境越来越远离大自然，因此人们格外渴望在运动中获得亲近自然的体验。社区体育中心这种规模不太大的社区公共场所，通常只有 2 至 3 层高，这样的建筑空间非常适合引入自然要素，使人们在运动时体验贴近自然的运动感受。

3. 文化基础

"文化"包涵了人类社会各领域活动所形成的成果，包括但不限于物质生产、精神思想、科技文明等方面。每个社会都存在自己的文化类型，具体来说，包括宗教信仰、艺术修养、道德准则、科学知识、法律法规、生活习惯以及作为社会成员的个体所需的能力和行为习惯。体育作为社会文化的一种形式，受到其他文化的影响。社区体育中心作为社区体育文化的一个分支，其他类型的文化对社区体育中心产生了深远的影响，具体体现在以下两个方面。

（1）传统文化基础

中国一直以来承袭着悠久的文化传统，包括饮食、服装、艺术和健康养生等方面的独特民俗文化。特别是在传统养生文化中，健康长寿和体育运动密切相关，因此健身康体文化备受重视。在春秋战国时期，就有了著名的养生著作《黄帝内经》，它的一个重要思想就是通过日常体育锻炼，预防未来可能发生的身体疾病。这也是我国全民健身思想的核心和目标。除此之外，中国的传统文化对现代人也产生了深刻的影响。例如，太极拳等中国传统武术深受群众青睐，不仅在国内广受欢迎，而且也在全球范围内引起了体育运动的热潮。

（2）地域性文化基础

地域性文化是在长期与外界相对隔离，并在本土传统文化的影响下发展而成的，它全面地反映了特定地理区域内的民俗习惯、道德准则、宗教信仰、节日庆典等。体育文化在不同地区呈现出来的特点就是所谓的地方体育文化，其中也包含了各民族所具有的特色体育文化。中国幅员辽阔，自然地理条件各异，南北气候差异巨大，这使得人们的生活方式存在较大的差异，从而形成了不同地域特色的体育活动。这些差异为社区体育文化多样性提供了文化土壤。

总之，文化作为大众体育文化生长的土壤，为广大群众提供了多种多样的体育健身活动。这也为社区体育中心复合化设计提供了灵感。

（四）影响复合化的主要因素

总的来看我国社区体育中心的发展过程，宏观上，与国家的社会结构、经济水平、文化底蕴等诸多因素影响相关；微观上，与自身的综合性、公共性和服务性等密切相关，并且与建设规模、建设内容定位和规划选址等因素息息相关。因此，关于社区体育中心复合化发展的主要因素，可以从三个角度探讨。

1. 复合规模

社区体育中心是一种综合性场馆，相较于其他类型的体育场馆而言，规模较小，通常不超过 5 000 平方米，并且面向一个或几个社区单元提供服务。针对不同规模的社区体育中心，可以采用不同的复合化设计策略。

（1）影响规模大小的因素

①社区人口结构

社区居民的人口规模、人口年龄以及人口结构等因素对体育中心的规模大小具有直接影响。场馆建设的目的在于为社区居民提供服务。因此，在规划之前，需要对所在社区的人口进行评估，以确定适合其人口规模的规模等级。在评估新建小区时，我们需要参考相应的设计案例以及对未来人口规模进行预测，并做出相应的评估。

②规划布局选择

由于多种因素的作用，我国的城市人口分布存在着不均衡的情况。假设面积一致，新老城区的人口规模和结构都存在较大的差异。因此，在规划社区体育中心的规模时，需要同时考虑到服务范围和人口规模等因素。社区体育中心根据服务范围的不同被划分为三个等级：标准级、小区级和组团级。

（2）不同规模的复合类型

①单项专营型

单项专营型社区体育中心主要提供单一体育运动项目，如网球、排球、篮球、游泳、瑜伽等。这种类型的中心通常规模较小，经常见于社区用地紧张的老城区。

②多项专营型

这种将多种体育设施布置在同一个综合体内，并且能同时开展多项体育活动的社区体育中心的类型是多项专营型。这种中心的规模比较大，能够满足社区居民多层次的体育需求，不包含其他类型的社区服务性功能。

③兼营型

这种综合型社区体育中心将体育健身项目作为核心，配以其他多样的社区服务（如娱乐、餐饮、商业、文化等），并且规模通常较大，旨在丰富社区居民的生活，提供多元化的活动项目。

因此，建筑规模选择是一个复杂的问题，需要综合考虑多种因素并作出谨慎决策，如需要考虑社区人口规模和城市布局结构等因素。

2.复合内容

社区体育中心旨在满足社区居民在体育健身方面的多种需求。建筑师在规划之初，需要对社区居民进行调查研究，了解他们的体育活动特点和需求，并对已经存在的体育设施和市场现状进行评估。根据调查结果，制定出适合促进社区体育中心健康发展的复合内容。

（1）影响复合内容的限制因素

①社区居民体育需求

因为社区居民的人口构成差异较大，不同层次的居民对体育内容的需求也有所不同。老年人群体为主的社区需要提供更多轻松愉悦的体育活动，以满足他们的娱乐休闲需求，并且在活动中适当降低运动强度。以年轻人群体为主的社区，需要提供更具挑战性的运动项目。因此，在规划功能时必须考虑社区居民的体育需求，并进行相应的配置。

②社区现有体育设施

经过实地考察，发现每个社区都拥有一些体育设施，主要是室外的，如公园、景观广场、健身路和户外健身器材等。在一些社区里，虽然数量相对较少，但也存在一些室内体育场馆，如羽毛球馆、篮球馆、游泳馆以及瑜伽馆等。如果忽略社区场地现有情况，只按照常规设计体育设施，将会导致社区资源的浪费和重复建设。

③地域性文化的影响

社区体育中心这类公共建筑的外观，在建筑尺寸、颜色和外形设计方面与其他建筑相比，更加具有可识别性。建筑内部使用，应当充分考虑社区所在地的地理位置和地域特色，合理融入当地的体育文化元素，以丰富建筑内部功能，并打造具有地方特色的社区体育中心。

（2）功能组合类型

社区体育中心可以根据其不同的复合内容，分为多种功能组合类型。通常来说，这些类别包括：体育和文化组合、体育和商业组合、体育和基础教育设施组合、体育和卫生服务设施组合以及体育和老年人活动设施组合等。当然，并不仅限于这些组合形式，事实上，社区体育中心可以结合两种或三种不同的内容，形成一种多功能综合性体育场馆。

（3）空间组合形式

功能与空间是相对的。不同的功能不但可以表现出相同的空间形式，也可以呈现出不同的空间氛围。这取决于建筑设计师希望创造出什么样的空间氛围。它可以是有序的连续空间，也可以是独特的个性化空间。重点是要根据复合内容的特征来恰当地选择空间组合方式。

（五）复合化设计方向发展

随着我国加大力度推进大众体育设施的兴建，社区体育中心已成为各级政府高度关注的重要建设项目，成为社区室内体育设施的主要场所。随着社会需求的迅速上升，场馆的配置也面临着新的挑战。以前的场馆只有一种功能，不能满足人们的多变需求。现今的场馆越来越多元化，不仅功能丰富，空间设计也更加富有创意，文化内涵也更加深厚。

1. 功能复合化

社会需求不断增加，社区体育中心已经向着多功能和综合化的方向发展。除了提供健身和娱乐设施外，这座建筑还是社区居民社交和休息的场所。这些不同的功能在同一建筑空间中相互交织，如果它们是孤立运作的，就会损害整体的使用效能。设计师应综合考虑建筑内不同功能之间的联系，并针对多功能性可能带来的负面因素优化设计，以增强建筑的整体功能性。

在建筑设计中，建筑功能设计是至关重要的。在社区体育中心的发展过程中，采用多功能复合化的设计方案能够起到积极的推动作用。社区体育中心功能复合化的原因有以下四个方面：第一，由于我国城市土地紧张、房价高涨，为了在建设社区体育中心时节约成本，功能复合化是最佳选项。第二，现代综合性公共建筑设计注重多功能融合、高效性和共享性等一体化设计理念，促进了社区体育中心向功能复合化方向发展。第三，通过设施设置的多样化，社区体育中心的运动设施不仅变得更加多功能化，同时吸引了更多不同层次的居民参与健身活动，从而提高了其经济效益。第四，通过功能适当整合设计，社区体育中心能够为未来的可持续发展提供更弹性的解决方案，不仅提高了功能上的适应性，还促进了功能复合化的发展趋势。

因社区体育中心功能的多样性特征，建议采取功能复合化方向发展策略。一方面，功能复合化设计，不仅可以促进各功能之间的相互渗透、相互激发，而且能够促进不同功能之间的互补，从而带来更高效的整体效果。另一方面，整合和结合各种功能，可以将不同功能类型融合到一个空间体系中。

2. 空间复合化

建筑空间是由各种建筑元素和形式组成的内部和外部空间的统称，旨在满足人们的生产和生活需求，包含物质空间和精神空间，可以从体积、连续性、节奏、参透性、方向性等方面描述它们。建筑独有的特征在于其空间能够对人的活动产生影响。一种单调重复的空间设计可能导致空间中的人缺乏趣味，而一个杂乱无序的空间设计则会让人感到混乱。因此，出色的建筑空间设计会直接影响使用者对空间的感知，以及建筑的可持续发展。

社区体育中心的空间设计直接关系到人们参与健身活动的积极性。在进行健身活动时，居民可以根据自己的兴趣和喜好在各个不同的场所之间穿梭，而不同的场所会给人不同的情感和体验，好的场所设计会更吸引人参与。研究结果显示，社区体育中心具备独特的特质，这些特质有助于实现空间融合的目标。一个典型的社区体育中心应当拥有多种功能，是一项公共资源，可供大众共同利用。社区体育中心不仅是一项社会公益设施，而且其所在社区的多元环境，如自然、商业和文化教育环境等，也与之相融合。不同的空间结合形式会给社区居民带来完全不同的感受和体验。此外，我国社区体育设施的建设进展缓慢，现有的体育场馆同质性十分普遍，缺乏独特的空间设计。为了满足社会需求并拓展功能类型，我们需要重视体育场馆的空间设计。

因此，社区体育中心的发展应该朝着空间复合化方向推进，恰当地组织和布局，可以使建筑功能联系更紧密，还能够改善社区居民的娱乐、休闲和健身环境，为社区体育中心的综合发展提供方向。

3. 文化复合化

中国文化拥有悠久的历史和深厚的底蕴，而且不同的地区，文化也呈现出多样的特点。就像其他文化元素一样，体育也呈现出多样的特色。我国的体育文化体系由竞技体育文化、学校体育文化、社区体育文化、地域性体育文化等组成，它们相互交融、相互影响。

社区体育文化对人们的日常休闲生活产生了深刻的影响。各个文化的独特因素导致文化的多样性，同时社区体育文化的塑造也会受到多种因素的影响。随着我国经济的飞速增长，人们的生活水平不断提高，社区体育文化也应运而生。在这样的背景下，人们越来越需要更多的闲暇时间来进行体育健身活动。随着我国人口老龄化程度的不断提高，保障老年人的身体健康，成了我国体育事业发展的紧迫任务。这些因素推动了我国社区体育文化的壮大。1986年以来，我国开始积极推进社区体育事业，制订了一系列相关法规，并兴建了大量社区体育设施，其中包括户外健身器材和体育文化广场等。

社区体育中心的建设和发展受到其他因素的限制，其主要难点之一在于体育活动项目的匮乏。尽管社区体育中心提供的体育项目十分常见，如篮球、羽毛球、乒乓球等，然而并未提供真正融合于当地城市文化的独特体育项目。

第二节 城市社区体育中心的功能与类型

一、城市社区体育中心的功能

（一）经济功能

社区体育中心建设的经济功能是由其作为社区配套建筑的基本建筑定位所决定的，是社区体育中心功能设置时需要优先考虑的，包含两个方面的问题。（1）社区体育中心的职能与城市体育中心的互补。在我国的大多数城市体育中心建筑中，都充分考虑了市民参与健身活动的需要，建设了大量的综合性活动场馆并向城市居民开放，因此在社区体育中心的功能设置中，应适当考虑与城市体育中心建筑在功能上实现互补或作为城市体育中心建筑功能在社区街道中的延伸，满足社区居民的健身需求。（2）体育建筑就空间本身来说，具有一定的专业性，往往对于建筑的跨度、通风、采光等物理属性有一定的要求；而社区体育中心作为社区的公共配套建筑，其投资兴建的成本问题十分敏感。因此，应在对社区体育活动的空间需求的研究之下，对社区体育中心的后期成本控制有一个初步的预判。

（二）适用功能

社区体育中心的适用功能，直接影响了社区体育中心在投入使用后的运营水平好坏。因此，针对社区体育中心体育的适用功能研究应从三个方面着手：（1）体育功能在社区居民中的受众度；（2）社区体育中心体育活动的空间舒适度，包括场地空间的尺寸，配套用房的设置等；（3）社区体育中心长期运营的可行性，即能否通过适当的盈利，保证社区体育中心自身的建筑更新与维护。

二、城市社区体育中心的类型

（一）"社区体育 + 社区配套服务"

居住区配套设施中，社区服务站、文化活动站（含青少年、老年活动站）、老年人日间照料中心（托老所）、社区卫生服务站、社区商业网点等服务设施，应该集中布局、联合建设，并形成社区综合服务中心。"社区体育 + 社区配套服务"类复合化项目是当下居住区建设的重要方向。项目一般毗邻社区生活区，面积 5000 平方米左右，受规模限制，体育功能方面往往只提供一个通用化的多功能运动场。在社区成员参与社区体育活动的过程中，人们相互交流与合作，社区体育功能起到了社区配套服务凝聚群众的作用。同时，社区服务中心的存在，对体育活动起到了一个展示宣传的作用，进一步引导社区居民参与到体育运动中来，协助推动了全民健身的发展。

（二）"社区体育 + 社区商业"

近年来，国家和地方政府引导和支持社区商业发展时不再突出商品经营，而是更加强调便民服务，使之更带有公益服务属性。社区体育与社区商业的结合可以满足社区居民就近就便的健身需求，是社区居民生活的刚需，契合政府支持的方向，也可以吸引大量房地产商的投资建设。"社区体育 + 社区商业"类型的项目也叫社区商业中心或者体育综合体，面积多在 10 000 m^2 以上。它的盈利方式主要分两种：一种是以体育活动本身作为主要消费点，辅以其他商业服务；另一种是提供非营利性的社区体育活动场所，通过体育活动吸引周边人群，带动主要的商业消费。

（三）"社区体育 + 体医融合"

体医融合本质是探索一条运动促进健康之路，最终目的是解决我国国民健康的问题，实现健康中国、体育强国的战略目标。国务院办公厅 2019 年发布的《关于促进全民健身和体育消费推动体育产业高质量发展的意见》中也提到，要推动医体融合发展，为不同人群提供有针对性的运动健身方案或运动指导服务，推广科学健身，提升健身效果 ①。这类建筑多以游泳、健身、瑜伽、跑步等有氧运动作为主要体育功能，结合水疗、汗蒸、理疗、运动康复、健康评估等活动，将人们从运动导向健康。

第三节 城市社区体育中心的发展策略与路径

一、符合城市整体规划

城市总体规划是一个城市的空间结构蓝图，体现城市的发展坐标、发展特点、发展理念。社区体育中心建设是城市更新的有机组成部分，应体现城市发展的整体理念，依据城市定位、空间格局、人口规模、地貌特征、文化特色等合理设定其类型、位置、规格、配置等，纳入城市总体规划，并预留发展空间，使之与城市协调发展。社区体育中心建设规划要适应城市的经济发展水平，稳步实施，落后于城市经济发展水平不能满足城市更新对体育设施的需要，超越城市经济社会发展水平、远离市区盲目发展则会造成"形象工程""包袱工程"，加重城市负担。

二、体现城市的文化特点

城市形象的塑造需要借助其历史、文化、风俗、民族等文化优势，凸显其个性因素，文化主导下的城市更新模式是城市更新的一种新模式。文化是城市精神之所在，是城市个性之根本。社区体育中心建设应与城市文化紧密结合，展现城市文化风韵，凸显城市个性，使城市更新通过文化传承不断发展。社区体育中心建设应进一步突出城市文化特点，展现城市文化风韵，凸显城市个性，促进城市发展。总之，城市更新中，要借助自身历史文化遗迹保护开发工程，配套体育健

---

① 关于促进全民健身和体育消费推动体育产业高质量发展的意见 [EB/OL].[2021-12-31]（2023-07-08）.https://baijiahao.baidu.com/s?id=1720648006639444745&wfr=spider&for=pc

身园区，把文物保护、体育健身、园林休闲有机结合，并冠名宣示，传承城市历史文脉，使城市更新在文化滋润中更显光彩。

三、与城市自然景观相融合

城市都是在一定区域内、有独特地貌特征的土地上发展起来的，其独特的山水生态构成自身独特的自然景观，成为城市秀美的名片和记忆。城市更新不应损伤它，而应维护它、雕饰它、丰富它。社区体育中心建设作为城市更新的重要手段，应遵循这一原则。现在，生态绿色、环保、低碳已成时代潮流，生态、宜居、健康已成城市建设目标，社区体育中心建设更应自觉与城市自然景观相融合，为居民健身营造生态和谐秀美的环境。一要"添景"，增加绿地面积，进行园林绿化改造，如城市体育运动公园。二要"借景"，对众多历史遗址保护工程进行综合开发，借助其园林景观建设健身园区。三要"入景"，利用公园、林带、生态园林等景区共建健身园区。借助这些生态工程增设健身路径，可为湖河生态增加人文景观，可为体育健身增添生态情趣。

四、坚持以人为本的指导思想

社区体育中心建设的出发点和最终目的是为群众服务，在规划设计建设中始终要考虑老残妇孺及青壮年等不同人群特点，满足不同的体育消费需求。大型的体育场馆要建，中小型的健身园区、健身长廊、健身路径、儿童乐园更需要建，以使不同人群各有相宜体育空间。同时要加强健身设施管理维修，损坏的要及时更换，保证使用安全。各区域要均衡发展，条件不够的要创造条件。通常情况下，老城区空间狭小，利用楼宇院落、道路两旁、林带公园广场设置相宜体育设施，弥补体育场地不足的缺欠，体现城市的人文关怀。当然，人文关怀不只是要提供健身设施硬件支持，还应提供健身指导等软件支持，免费培训，免费体质测试，为每个居民提供个性化服务。

五、结合中国国情，体现民族特色

社区体育中心建设是西方发达国家城市更新过程中产生发展起来的，至今已成规模体系，但难以照搬。如，美国社区体育中心多为室内外场馆结合，附以游戏、阅览、餐饮等，最小的社区体育中心也要1～4英亩。中国人多地少，健身习惯、民族风俗、管理体制等不同于外国，不能简单套用外国标准来建设，而应结合实际，创设自己的标准来建设。社区体育中心的目的就是方便群众健身，应当以是否有利于中国老百姓开展中国式健身活动为根本准则，从中国实际出发，创造一套有中国特色的社区体育健身体系。城市要从市情出发，创建各种健身园区、健身路径、街头广场等社区健身样式，形成独具特色的健身景观。中国地域大，民族多，各地创建不同风格的社区健身样式，渐进积累，就可形成中国特色的社区体育健身体系。

第五章 城市社区体育场地设施的构建

本章内容为城市社区体育场地设施的构建，主要从三个方面做了介绍，分别是城市社区体育场地设施概述、城市社区体育场地设施的规划、城市社区全面健身的路径。

第一节 城市社区体育场地设施概述

社区体育场地设施是为满足社区居民的各种体育需求而在政府的支持下建立的，由各种运动器材、场地等组成一整套设施。体育场地设施是通过人们创造性劳动形成的，具有一定的目的性和社会属性。

一、社区体育场地设施的特点

（一）服务的公共性和社会性

社区体育场地设施旨在为不同的居民、企业提供服务，这些服务不应该局限于特定的单位或个人，而应该为众多使用者共享。所有使用者不能私自独占场地，他们的使用不会排挤其他人，也难以将特定的使用者排除在外。这意味着社区体育场地设施具有公共性、社会性属性。

（二）效益的间接性和综合性

社区体育场地是为社区居民提供服务的，它不能直接创造经济效益。但是，它能够为居民提供锻炼器材、锻炼的场所，从而确保居民的身心健康。社区体育场地的设施不仅能带来经济上的利益，也能产生社会效益，同时具有多种综合性特征。

（三）系统性

社区体育场地设施是一个综合性的系统，它包含了多个层面和多种元素，这些元素之间相互关联、相互作用，形成了一个有机的整体。各种体育设施各有特定的功能和作用，彼此独立而又相互影响；在体育设施总体功能上，它们之间也是相互补充、相互促进的。为了创造适合社会生产和居民生活的优质外部体育锻炼环境，各种锻炼方式和运动器械需要合理搭配、协同作用形成完整的健身体系。

（四）建设的超前性和形成的同步性

随着知识经济、信息社会的到来，社会文明和生活观念得到了发展。随着《全面健身计划纲要》的颁布，越来越多的人逐渐意识到体育运动的重要性，对社区体育设施的要求也日益提高。社区在发展，社区体育设施建设也应随之同步发展，以满足社区居民的体育健身需求。

二、社区体育场地设施的发展现状

（一）体育场地设施不足

国家体育总局群体司健身设施处处长赵爱国说："跟一些发达国家相比，我们在人均体育场地面积方面还有比较大的差距。美国的人均场地面积超过 10 平方米。"[①] 近年来，国家相关部门颁布了多项文件支持城市社区体育场地建设，并对此提出了一定的要求，以解决城市中健身场地不足的现状。比如，《全面健身条例》中提出明确要求，要求县级以上政府重视全民健身事业，将之列入本地区国民经济和社会发展规划，有条不紊地修建公共体育设施，同时重视农村地区和城市社区等基层体育设施，加大资金投入力度，使全民健身事业实现均衡、协调发展。

《全民健身计划（2016—2020 年）》中对在新建社区中配建全民健身设施，提出了更加明确的要求：室内人均建筑面积不低于 0.1 平方米或室外人均用地不低于 0.3 平方米。但是，政策的实施结果却并不理想。这是因为，尽管《中华人民共和国体育法》《全民健身条例》等法规明确规定了公共体育设施的规划、用地、建设以及资金投入，但是在建设实施过程中，依然缺乏相应的细则，并且对相关部门之间的协同合作，没有作出明确的规定，导致城市公共体育设施建设用地无法得到充分保障。特别在许多老城区，早期在规划建设时未能充分考虑体育设施建设用地，导致没有专门的土地用来建设体育公共设施；在新建住宅中，实际上并没有落实《城市社区体育设施建设用地指标》等相关规定。

---

① 如何破解城市中健身场地不足的困局现状 [EB/OL].[2017-08-21]（2023-07-10）.https://www.sport.gov.cn/n20001280/n20745751/n20767239/c21697001/content.html

（二）场馆开放程度低

我国体育场馆不仅存在着数量上的不足，在开放程度和利用率上普遍不尽如人意。在我国，大部分体育设施由政府机关和教育机构持有，其中学校体育设施约占据了我国全部体育设施的 60%～70%。2003 年，国务院颁布了《公共文化体育设施条例》，条例中鼓励政府机关、学校等单位将其内部的体育设施向社会开放使用。然而，政府的推动和鼓励并未得到积极响应。这个现象主要是由这几个原因造成的：一是大型体育场馆通常用于承办大规模比赛，并且维护和运营成本都相当高，因此不愿意对外开放；二是商业性的运动场馆，设施较为精良，但收费较高，一般人难以负担；三是，由于存在安全、维护成本以及影响学校、工作秩序方面的隐患，学校和单位的体育设施难以向居民开放。此外，一些健身设施虽然是公益性的，但是收取的费用并不能充分反映出其公益性质，并且在工商、税务、防疫、水电、公安等方面未能享受到公益性的政策，受这些影响，体育场馆设施很难实现免费对外开放。

以长春市某体育健身园为例，这是一处省体育局试点的公益性体育健身场所，由省体育局投资 70 万元，区政府投资 50 万元，公园自筹 120 万元建成。每年需要投入大量的资金来维护场地、维修设施、支付人员工资以及购入新设备。为筹集维护资金，健身园实行公益收费制度，对进入园区进行健身活动的居民适度收费：入园费用每人每次五角钱，也可办理收费 12 元的月票，对于特殊人群，如年过 70 岁的老年人和残疾人实施免费开放政策。然而，相关部门认为健身园是公益性经营机构，不予以办理收费许可证，导致园内健身器材的运作和维护缺乏资金，无法正常维护使用。

又比如，长春市某高中游泳馆，尽管已经对外开放，但仍未获得任何相关的优惠政策待遇。游泳馆内用量最大的水电，均采用的是商业用水用电收费，每年支出高达 30 万元。再加上游泳馆内需要采购防疫部门推荐的水质处理药品，这项费用支出也逐年增加。但是，游泳馆向公众开放采取的是低门票价格，收支的严重不平衡，势必会导致体育场馆不愿意对外开放。

（三）体育设施管理不到位

目前，我国有七成的城乡居民还是在自家庭院、公路街道、住宅空地、场院等非正规体育场所锻炼身体。我国现有居住区，大部分缺乏与之相应的体育场地设施。在很多住宅区的初始设计中，都规划了体育中心，但很少与住宅同步建设，以至于到最后，因为各种原因无法得到落实，甚至原本规划的体育用地被挪作别的用途，居民的体育福利受到损害。

就现有体育设施而言，室外体育设施的数量依然严重不足；除此之外，一些体育设施已经被使用多年，出现了一些损坏的情况。尽管在建设时已经拟定了协议书，确定了体育设施的维护和管理单位，并为修复损坏设备拨出了专项经费，但这并没有改变设备损害的状况。尽管这些体育装备的损坏与其质量缺陷以及错误的使用方法有关，但是社区员工未能妥善管理这些运动器材也是造成损失的主要原因。

三、社区体育场地设施的可持续发展

（一）建立和完善法律保障体系

现阶段，我国的相关法规对社区体育健身环境用地及设施的规定还有不同程度的缺陷，实现社区体育场地设施的可持续发展，应当健全法律保障体系，加强地方性法律法规的制订，对居住区体育设施用地形成全方位的立法保障。强制性规定居住区规划建设必须配备体育设施，并确保规划的切实可行，将法律法规落到实处。有关部门要加强监督力度，建立和完善体育健身环境的管理制度，比如督促社区自我管理、完善政府引导下的公众参与制度等等。加强舆论对社区体育场地建设的监督，特别是新闻舆论监督，使社区场地设施管理和运营更加透明，以确保这些场地能够按照规划和运作标准来正常建设和运营。

（二）建立指标体系与补偿机制

为了确保社区体育场地设施建设可持续发展，需要建立一个指标体系来评估其可持续性，并实施公平的补偿机制。一个全面的指标体系应该包括城市社区的体育场地设施的发展水平、体育资源的利用率以及社区体育健身环境发展与社区发展的匹配情况。因此，需要建立一整套现代化的公平补偿机制，以维护城市社区体育健身环境内外平衡，实现可持续发展。

（三）树立体育健身环境系统意识

体育健身环境的发展需要各部门协同合作，而并非由单一的体育部门推动。这是整个社会的责任，需要多个部门共同运动，才能取得成果。要建设城市社区的体育健身环境，就需要注重整体规划和系统管理，以促进中国特色社会主义体育发展作为奋斗目标，统筹和协调各方面资源，实现它们之间的共享及互补，进而提高外部环境资源对体育健身活动的适应性。

（四）加强管理，力争投入与产出的最优化

当今社会已经进入知识经济时代，管理已经成为推动各方面整合的重要力量。要打造一个优质的社区体育健身环境，必须建立一套完整的体育健身环境管理体系，并保证其有效运作。所有管理都致力于实现资源最优化，通过有效的资源配置来达成投入产出的最大化。体育环境管理也正是如此，想要提高体育环境的管理水平，需要从整体管理和具体管理两个层面加强。

（五）挖掘、盘活现有体育场地设施

1. 竞技体育场馆的利用

在计划经济时代，我国在不同城市和区域都修建了规模较大的体育场馆，但是它们仅满足了竞技运动的需求，而忽略了全民健身和体育配套功能，也并没有充分探索实现多种经营可能性。因此，当我们想要改变这些场馆的功能，将它们对外开放，会面临各种挑战，最大的困难表现为运动场地利用率不高和缺乏经费。对此，广州天河体育中心的竞技体育场馆为其他场馆提供了成功经验。在中华人民共和国第六届运动会结束后，广州天河体育中心除了保留原有的竞技场馆外，还新增了娱乐、休闲、康复和饮食等配套设施，并且增加了棒球、垒球、网球、保龄球和健身健美等更多运动项目，并深入挖掘了中心三大场馆的潜力。这些举措不仅改变了计划经济时代竞技体育建筑功能单一、使用率低下的现象，更使天河体育中心转型为广州市规模最大的体育公园，为市民提供休闲娱乐和健身服务。

2. 学校体育场馆的开放

在我国的不同级别的学校中，基本都配备了体育设施。全国各类体育场馆中，校内场馆占比达到了 65.6%，远远高于其他领域和机构。一般来说，学校的选址通常在住宅区内，其中中学位于居住区级别，小学则位于住宅小区级别。高等学府的运动场馆设备更加完善。可以通过充分利用学校的体育设施，有效地为社区提供更多的体育场所，从而缓解因缺乏资金和场地而导致的社区体育发展状况不佳的问题。应当把学校体育设施与社区设施紧密结合起来，学校体育设施的布置应该集中在靠近居民区的地方。为了方便居民参加体育活动，大型场馆应该建在邻近城市干道或小区道路的位置。

3. 公园土地的利用

利用公园中闲置的空地，建造体育健身场地，可以节省大量的资金。由于公园在城市中分布均匀合理，离人们的日常生活较近，环境又好，能够吸引更多人来运动。因此，建设适合大众消费水平的健身运动设施，既可以拓宽公园的使用功能，又可以满足广大群众参加健身活动的需求。

第二节　城市社区体育场地设施的规划

在体育设施安全性能、环保性能以及运动功能等技术要求已成为建设部门、生产部门和使用部门，尤其是居住社区居民的迫切需要的形势下，国内目前尚未形成一套完善的居住社区配套体育设施标准体系，严重阻碍着大众健身运动的发展。社区体育设施作为国家完整体育设施的基层系统，它的建设直接关系到群众体育娱乐活动质量的提高。

一、社区体育场地设施规模的控制

（一）国外城市社区体育健身设施的配备

社区体育设施的规划建设在发达国家备受重视，尤其强调社区的健康体育功能。并通过立法，对社区配套体育设施的最低配置标准作出了规定。现今，在美国的几乎所有社区里，都可以找到自己的社区体育中心，这类中心常常包括室内及室外设施。室内有各种设施，如方便多用的体育馆、健身房、游泳池等，为居民提供多种体育活动设施。户外运动设施涵盖了高尔夫球场、网球场、游泳池、钓鱼塘、露营地，此外，这些场所也可用于骑马、滑翔、飞机模型等多项户外运动。美国"健康公民 2000 年"（Healthy People 2000）计划强调增加社区体育中心的数量，并作为一个重要的目标。现在社区已经实现每 1000 人配备 1.6 千米的野营、自行车或健身路径，每 25 000 人建有一个公共游泳池，每 1000 人拥有 2600 平方米的开放式休闲公园。在英国，每个包含 25 000 人的社区都配备有一个体育中心，这些中心提供 5 人制足球、健身操、室内曲棍球、柔道等 17 种不同的项目。在日本，文部省颁布了《关于面向 21 世纪体育振兴计划》，其目的是进一步明确社区体育中心的体育设施标准。它最大的特色体现在：第一，社区体育设施的建设体现了分层次策略，包括基层社区、市区町村、都道府县三个级别。第二，重点强调建设足够的运动场地以及球场，使之能够承载多样化体育项目。第三，该规范明确了社区体育设施的主要附属设施建设。第四，该标准鼓励将社区体育设施的建设与其他文化活动紧密融合起来。

（二）我国城市社区体育场地设施的规模控制

我国城市居住区一般可分为三个层次，分别是居住区级、居住小区级和居住组团级。根据以上居住区规划结构，我国的社区体育场地设施建设也应按照这三个层次划分。社区体育场地设施规划应以满足社区居民基本体育需求为主要考虑因素，并充分考虑我国国情，在节约用地方面多加统筹安排，避免盲目追求高标准建设。

二、社区体育场地设施的设计原则

在进行体育设施的规划时，必须充分考虑我国国情、发展阶段以及社会文化，建设符合现实需求的各种活动场地及设施。同时，要在经济合理、高效利用和综合设计的前提下，适当超前，以确保社区体育设施的规划和建设符合未来人们的健身需求。

（一）围绕社区形象建设的原则

社区形象是由社区中各种感性元素组合在一起，呈现给人们的一种外在印象。同时，也是地域特征和历史文化底蕴所塑造的内在品质的凸显。在规划和建设体育场地设施时，必须考虑社区居民的健身需求，因此，首先要进行细致全面的调研，同时要了解现有设施和市场情况。在充分了解社区的文化特征和景观环境的基础上，吸收那些优秀的传统元素，创建具有地域特色和时代气息的社区体育建筑。这些设施应该融入社区整体环境，以激发居民的认同感，将社区的历史文化延续传承下来。

（二）点、线、面结合的原则

通过在组团内部建设简易健身场地及设施，并将组团间的道路和绿地系统等区域设为健身地带，同时将居住区内的中心绿地系统、活动场地和设施作为健身环境的面，点线面结合，为整个居住区提供全方位的健身环境。这样做可以从不同角度和层次激发居民的健身热情，实现持久地在居住区内全面开展全民健身运动的目标。

（三）重点突出的原则

在社区健身设施的规划中，不能笼统地将点、线、面视作同等重要，而应该区分其主次，突出重点。应该以社区中心的活动场地和体育设施为中心，同时兼顾组团内部和组团之间的活动场地和设施建设；重点关注年轻和老年人的健身需求，还要考虑到中年人的健身需求。主次要一视同仁，在建设时做到精心策划和设计。这种方法不仅能够方便高效地管理组织、有效利用场地和设施，而且还可以促进住户之间的交流和沟通，自然而然地增强了住宅区的凝聚力和向心力。

（四）注意选址的"可见性"和"可步入性"

社区体育设施的分布需根据不同公共建筑服务半径来规划，通常情况下：居住区服务半径应该在800到1000米之间，步行不超过10到15分钟即可到达；小区级别体育设施距离居住范围约为400到500米，步行时间为6到8分钟左右为宜；组团级建设在150至200米的范围内，步行只需2至3分钟最佳。社区体育场应当规划在瞩目的区域，如主干道或小区出入口等地点。这种规划方案可使居民更容易看到，不仅可以提供服务给该区域，还有望吸引其他小区居民前来使用。为了促进市场化经营，周围需要提供足够的停车空间。但应避免将主要出入口直接对向车行路口。

（五）综合设计的原则

随着城市的蓬勃发展，土地资源越发珍贵。因此，在社区健身环境的规划与设计中，需要将综合设计原则贯彻到底，即将运动场地设施与社区其他功能设施有机结合起来，从时间与空间两方面提高其使用效率，更好地实现土地资源的有效利用。我们应该充分利用社区内已有的运动场地和设施，如利用社区内中小学校的体育场地和器材，同时要保证居民的健身活动和学校的体育课程时间不冲突。这种情况下，学校的运动场和设施可以同时满足居民健身需求，但在设计时需考虑方便不同群体的使用和管理。运动场地设施需要与小区、绿化、地面铺设和广场等紧密融合。例如，社区广场可以用作太极拳、交谊舞等活动的场地。为了设计出最佳的社区体育场地设施，应该基于人们的健身活动需求，并充分考虑不同活动行为特点和相关因素，采用系统分析综合的方法来确定最佳方案。

三、社区体育设施的选址与布局

（一）新开发的居民社区的体育设施

新开发居民社区体育设施的安排较为灵活。为了保证设施配备的合理性，需要综合考虑设施规模标准以及社区的实际情况，在实施过程中，注重点面结合、社区规模大小等方面的综合考虑，并确保配套设施的健全完备。在规划小区环境时，应考虑到本社区的文化特色和实际需求，有针对性地设计社区体育设施，如考虑安排组团绿化、环境照明、儿童游戏场地、老年活动场地等，以满足居民在社区中的日常生活需要，因地制宜地布局。

1. 独立式

独立式体育设施一般会被安置在社区公共设施的群组中。在一些具备良好服务水平与环境优美的居民社区，通常会将社区物业管理中心、社区体育俱乐部、社区商服中心围绕中心绿地设置，这种布局既能带来环境效益，在实用性和服务社区居民方面也起到了很好的效果。

2. 毗连式

有些社区可用地十分紧张，这种情况下，在设计社区体育设施时，常常会将之设计成一个与住宅楼（底层设有商业和服务设施）相连的单独建筑。由于体育建筑所需的空间必须无柱，因此单独构建体量可使结构处理更加方便。

（二）旧居民区改造中的体育设施

我国城市中的旧居民区缺乏充足的体育场地设施，这主要是由于城市土地资源紧张和规划初期未考虑到社区体育场地的建设用地。因此，在翻新旧居民区规划体育设施时，需注意不仅要善用现有路边空地和废弃建筑物，还需考虑开辟三维空间。老城区和高密度住宅区建设的重点应该放在建筑物的顶部和地下空间。

1. 屋顶空间式

可以利用现有建筑，如会所、停车库、社区商业建筑和住宅楼房的屋顶等，在顶部增建社区运动场馆。根据建筑屋顶的面积和形状，可以添加一定的维护性设施，使之成为小型运动场地，如羽毛球场或网球场等。在选择建筑时，尽管有多种选址方案可供选择，但是对居民来说爬楼锻炼有点不太方便，因此建议不要选择楼层过高的地方，通常建筑物的高度应该控制在 2 到 3 层之间，并配备方便的垂直或水平交通体系。以上海闸北区对住宅的改造为例，采用了"平改坡"技术（在建筑结构许可条件的前提下，将多层住宅平顶改建成坡顶，并进行外立面修整，以提高住宅性能和建筑外观的效果）。这项修缮工程对住宅的功能进行了完善，通过在原来 6 楼顶部增加一层半，让底楼住户搬迁至 7 到 8 层的复式房中。将原本未被利用的底层空间转化为社区活动设施，如体育活动室和图书阅览室。

2. 地下空间式

地下空间式指利用公共空间的地下建造社区体育建筑。所谓公共空间，一般指的是社区的公园广场、绿地，在建设过程中，可以充分利用这些地方的地下空间，建造大型运动场馆，兴建地下停车场。不仅可以减轻汽车对地面的压力，还可以将街道和绿地保留给运动爱好者们。比如，杭州的美林湾小区，在该小区北区最后两栋楼之间，设计了一个下沉式健身中心。这个中心为业主提供了一系列健身设施，包括室内篮球场、乒乓球馆、室内游泳池、健身房、棋牌室、攀岩馆、壁球馆等等。除此之外，中心还设有一个社区影院，以方便业主使用。这样的设计有助于业主之间的交流和互动。

3. 厂房改造式

经过企业改制，一些分布于居民区的街道和小型企业的厂房已停用，这些场所很适合改建成社区体育馆或健身俱乐部。比如，北京市方庄地区的颐方园体育健康城，其占地面积达 6.5 万平方米，其中建筑面积 2.6 万平方米，绿化面积高达 1.2 万平方米。该场馆可容纳 1500 余人同时进行健身和娱乐活动。健康城内的标准游泳池和供儿童戏水的游戏设施是从一个储煤的仓库改建而来的。

4. 弄堂过道式

在老旧的弄堂街道中，通过巧妙布置简易健身器材，可以实现合理利用，让人们能够在此进行有效的健身活动。比如，上海市黄浦区南京东路街道承兴居委会，大胆地拆除了弄堂居民门口的水斗和随意搭建的车棚，将原本狭窄脏乱的街道，变成了环境整洁的健身场所，被夸赞为在"螺蛳壳里做道场"，该居委会也因此获得了全国体育先进集体光荣称号。现在每天早上，弄堂内都有许多人涌来锻炼，而且已经成功举办了十几届弄堂运动会，成为社区开展群众体育运动的典范。

5. 加建连接体式

在人口密集的老社区里，可以在现有建筑之间增加玻璃结构来创造公共聚会和健身场所。

（三）体育设施的布局要分层次

社区内的体育设施布置可以归纳为三个不同的级别。在第一层次，活动的主体是中年和青少年，以建设体育俱乐部和健身园为他们提供服务。第二个层次，主要是关注老年人的健身活动，旨在为老年人提供更多活动场所。在第三层次，则侧重于幼儿的活动，为他们建造简单的活动场所。根据这样的布局理念，我们可以在社区内建立一系列体育场地设施，依据地理特点分别建成文化健身苑、风景健身苑、体育公园等，形成一个完善的市级设施网络，并建立区级体育健身站和市级体育健身中心。

社区的体育设施建设应该以公园和广场为支撑，通过绿地的连接，营造一个以点带面的规划格局。利用建设健身点和其他体育设施，形成网状的体育设施结构。同时，建设适合不同人群的多样化体育设施，并构建多层次的社区体育设施建设模式，这些设施可以建在不同的居住区和公共场所。

充分利用社区资源，开展创意建设和打造各类体育设施，对于规划、发展、建设、管理、设计等多个部门而言都显得至关重要。在建设体育设施时，不仅要考虑高端设施，还需关注广泛普及的、面向更多人的场地与设施的建设。这样才能满足不同人群的需求，既有突出的特色设施，也有广泛的基础设施。此外，鉴于文化设施建设优于体育设施建设的现状，社区居委会或基层体协可以采取合法途径与文化设施的管理部门协调，以利用他们的场地来进行适宜的体育活动。另外，也可以根据自身实际情况，自行建设体育设施，最大化地利用资源。

第三节　城市社区全面健身的路径

全民健身路径（以下简称"健身路径"）是近几年来在我国兴起的一种健身活动设施和与之相适应的锻炼方法，是实施全民健身工程的重要内容之一。但健身路径毕竟是刚刚出现的新事物，从器材设置、规划布局、路径管理、组织指导等方面还存在许多问题。这是我们一直关注的问题，也是亟待解决的问题。

一、健身路径建设的形式

建设健身路径的资金来源多样，可根据资金归属方式分类，分为三种不同方式。一是体育彩票公益金的支持。体育彩票所获得的公益金可赠予市、县（区）政府，以资助当地群众性体育设施的建设和促进群众体育活动的开展。二是通过公益彩票的资金和企业、事业单位的捐助联合筹建。公共体育设施建设的主要方式是上级主管部门提供资金，使用单位提供土地，依照一定规划标准统一布局，并因地制宜分批建设。如，河南省第七批全民健身工程具体投入为：在县（市）建设的全民健身工程，每个工程国家体育总局投资约 5 万元、省体育局投资 2.5 万元、县（市）体育行政部门投资 2.5 万元，共计 10 万元；在省辖市建设的全民健身工程，省体育局投资 5 万元、市体育行政部门投资 5 万元，共计 10 万元。国家体育总局、省体育局、省辖市或县（市）体育行政部门的投资均以器材形式投入，全民健身工程场地建设费（3 万元以上）由受赠单位自筹。三是企事业单位以及住宅开发商以自己投资的形式来建设健身路径。随着人们生活水平的提高，人们越来越追求优质的生活质量。各单位也非常重视职工的身体健康，有的房地产开发商在建设住宅小区时为了吸引买主，优化环境，也开始注重在住宅小区内安装健身路径，增强买房者的居住欲望。从现状看，我国全民健身工程投资已由原来的"体彩公益金"为主向多元投资主体方向发展。

二、健身路径建设的规格及主要类型

"健身路径"配套的体育设施，没有统一模式，建设规模也不一样。利用体育彩票公益金建设的健身路径正逐步向健身园发展，体育设施较为完整，器材的搭配也符合健身的要求。健身路径配建有小篮板、室外乒乓球台等，受赠单位要求建有自行铺设的一条鹅卵石健身路径，一些条件好的单位，还建有供居民进行拳、操、舞活动的健身场地。企事业单位及住宅开发商自己投资建设的"路径"，只是因地制宜将一批简单的健身器械组合在一起，这些设施有的适合老人，有的适合小孩，有的适合青壮年。从调查结果看，健身器材在 3～10 件的为大多数，组成"健身路径"的器材主要包括摸高横梁、转体训练器、伸腰训练器、臂力训练器、太空漫步机、平行梯、双杠、秋千、跳马、组合训练器、压腿训练器、太空球、肋木架等。

三、健身路径的规划

（一）"路径"的布局

广州市体育科学学会的多功能健身路径课题组指出，要安装"路径"，不能选择路边或场地范围太小的地方。最好选择长度超过 100 米的区域，以确保运动设施之间有一定的安全距离。如果将 8 个或 10 个器械密集排列在一起，或只是三五个器械分布在路边或场地上，将会失去"路径"设计的锻炼效果。据目前的情况分析，活动面积不足 1000 平方米的场地中，"路径"类器械排列形式通常呈方块状密集排列或 20～50 米长短并行排列，这种排列方式难以实现各个锻炼项目之间的适当距离，也无法进行像慢跑等轻松有序的衔接运动。这两种安装布局的"路径"占 76%。这样"路径"的布局主要属于利用原有地面，建设而成的。符合规范建设标准的健身工程主要是利用体育彩票公益金建设而成的规模大、占地面积在 2000 m² 以上的体彩健身园。

（二）"路径"的分布

健身路径已经形成了多种规模和形式，可以分为五种类型。第一种类型为利用新村楼宅区或居民聚集区，在其中建设体育设施，改善小区环境，以达到健身目的的居住小区型。第二种类型是室内外融合型，将室内外有机结合，实现优势互补。第三种类型是在公园和街道绿地中，建造适合园林绿地的路径。第四种类型是对人行道和商场广场进行改造，并附带建造街头广场型的健身广场。第五种类型是利用旧式街道的有限空间，安置简易健身器材的弄堂过道型。大型的体彩健身园一般选址在体育场馆、游园、公园、广场等地，小型的健身路径在社区内的较多。从现状看，就近从事健身的人群占大多数，而每天定时定点到离家较远的健身园从事健身活动的人群较少。

四、健身路径的使用

目前的健身路径越修越多、越修越好。从对河南省城镇社区健身路径的建设现状调查看，参加健身路径锻炼人群有明显差异。各年龄阶段的居民对健身器械的使用情况也不一样。年轻人喜欢具备娱乐性、新颖且带有一定刺激的健身器械，而中年人则对器械的使用率较低。老年人则偏爱简单易行、有助于平衡和身体舒展的器械，较少选择对技术和力量要求较高的器械。当然，除了年龄上的差异外，还有性别上的差异，这里就不详细论述了。

五、健身路径的管理与维护

科学使用健身路径，使其效益最大化，离不开科学指导与有效管理。全民健身是一项公益事业，虽然有些地市也制定了相应的管理办法，为了防止发生意外，建设时都在器材旁设置警示牌，说明该器材适合什么样的人群使用、应该注意哪些问题等。从对健身路径使用调查结果看，由于健身器材的维修管理没有明确的管理部门和专门的维修管理资金，健身设施存在不少安全隐患。不少"路径"的健身器材都受到了不同程度的损坏，有的是正常使用造成的损坏，有的是人为破坏，包括由于没有在科学的指导下活动而使用不当、不爱护器材甚至偷盗器材等造成的破坏，特别是一些公开开放的健身场所安装的健身器材损坏更为严重。

目前从健身设施维修管理问题来看，住宅开发商投资建设的"路径"有物业管理部门负责的管理较好，无物业管理部门负责的管理较差。其次是企事业单位及受赠的社区，这种管理通常是由单位或社区热心人士负责，他们主要负责向群众介绍各器材的具体使用方法，随时检查器材的损坏情况，发现问题后再通知厂家维修。在体育场馆或封闭性的健身园，因有专人管理，健身设施维修管理较好，而在广场、游园等地的开放性健身场所的健身设施却缺乏人员有效的管理。

六、几点建议

（一）健身路径的设计建设要符合可持续发展的观念

健身路径的发展要有新思路、新理念、新措施、新办法。在健身路径的设计上应该满足更多人群的健身需要；在功能上需要更具个性化、人性化；在外观造型等方面需要更新和改革，并且在整体上要适应社区、房地产开发、园林等多方面发展需要。

（二）加强宣传，加深人们对科学健身的认识

加强健身路径的宣传，使人们更深入地了解它的作用、功能和锻炼方法。这样可以提高我们的锻炼效果，深化对科学健身的认识。同时，应该优化评价方法，以便更好地衡量它的有效性。通过这些措施，我们可以提高健身路径的使用效果。这种做法不仅方便了人们举办小规模的比赛和活动，还可以让大众轻松检查自己的训练成果。另外，可以整合体质测试和健身路径，将两者结合起来，通过科技手段规范和量化健身路径的锻炼强度和量，以指导大众进行科学的健身活动。

（三）建立"路径"的管理、使用、养护条例

健身路径的有效管理应从健身器材的维护保养与指导群众科学健身两个方面入手。厂家在招标和配送产品时，应多配置部分易损件，如螺丝、活动轴等，可计入成本中，便于路径管理人员自行解决故障。作为管理方的居委会、物业部门及受赠单位，应制定出相应的器材管理制度及措施。可以动员一些已经退休的热心的健身爱好者和居委会的党团员，鼓励他们对健身器材进行"领养式"的承包，

同时成立健身器材管理组织，将健身器材的维护和保养分配到个人，在组织的协调和带领下共同维护健身设施。健身路径管理要走市场化道路，可开发路径周围的广告资源，对有志于投入路径建设和维护的个人或单位，给予宣传广告等回报。

（四）健身路径的设置应与社区的整体环境相协调

为了打造一个美好的健身环境，我们应该深入了解群众的需求，从而在健身设施的规划和使用中作出相应的调整，尽量让大家在舒适愉悦的环境中享受体育锻炼所带来的乐趣。"路径"设备的配备应当考虑社区的定位，因此需要有针对性地配置，从而提高其利用效率，不能采用"一刀切"的方式。在路径的选址问题上，既要做到便民，又要做到不扰民，应在充分征求广大居民意见的基础上，实施健身器材的安装。安装的健身器材要与居民住宅保持一定的距离，一般应在10米以上，尽可能杜绝扰民隐患。

第六章 城市社区体育建设案例

本章内容为城市社区体育建设案例，通过四个案例的介绍，分别是社区体育治理效能提升——嘉兴市"运动家"智慧社区、社区体育设施空间布局——以苏州市姑苏区为例、高校体育院系与社区体育——以浙江省调研为案例、社区体育团队的作用——上海社区体育团队的案例分析。分析了如何进行城市社区体育建设。

第一节 社区体育治理效能提升——嘉兴市"运动家"智慧社区

城市社区作为公民社会生活的基础单元，是城市发展的细胞，是国家进行社会建设的重要场域。当前，我国社会结构正在发生深刻变化，社会矛盾多元多样多发，人民群众对基层公共服务的期待更加广泛多样。加强和创新社会治理，打造全民共建共治共享的社会治理格局，是构建和谐社会、实现社会治理现代化的必然要求。

随着大数据时代信息化、智能化、智慧化的发展普及，促进现代技术和社区治理的深度融合是目前社区治理和服务创新的重中之重。伴随着"全民健身""体育强国""健康中国"战略持续推进，部分城市社区依托长三角地区雄厚的经济实力和优越的地理位置大力发展"智慧＋体育"模式，提升了城市社区体育治理效能的同时也增进了民生福祉。

一、城市社区体育治理效能的概念

党的十九届四中全会强调要把国家的制度优势转化为治理效能，从而实现国家治理体系和治理能力现代化。此后，党的十九届五中全会在过往治理经验和治理成果的基础上又提出了我国"十四五"规划和2035年远景目标的建议，明确要求在未来一段时期国家在治理效能上得到新提升，并且社会治理特别是基层治理水平得到明显提高。首先，对"体育治理""城市社区体育治理""治理效能""体育治理效能"等专属名词的核心概念进行梳理，以便后期更好地掌握"城市社区体育治理效能"的概念。其次，理清体育治理效能和国家治理效能之间的关系、城市社区体育治理效能和城市社区治理效能之间的关系，以便于更好地掌握相关概念间的实然逻辑，实现城市社区体育治理效能的提升。

（一）体育治理

近些年来，体育治理研究虽然是学界一个热门的课题，但对体育治理的概念界定尚未达成一致。杨桦认为体育治理基本概念就是将治理相关理论和实践引入到体育管理过程之中，运用治理新方式进行体育管理改革，并且保证体育管理过程中能够良好地协调好各方利益和化解好各方矛盾，以实现体育治理利益最大化，从而达成体育善治目标[①]。随后范叶飞、马卫平也认可杨桦关于体育治理概念的阐述，并指出体育治理作为治理理论和实践在体育公共事务领域的应用和拓展，在实现国家治理、社会治理等方面具有重要意义[②]。任海认为体育治理是一个目标明确的动态过程，富有操作性和工具性，其根本内涵是一种为了实现体育发展目标而处理各种体育事务的具体而规范的行为方式。张琴、易剑东指出体育治理区别于体育管理的制约性、压迫性，更加倡导的是一种协商、平等、自愿的理念，因此体育治理手段也具有多样化、协同化、协商化的特征[③]。结合上述观点，笔者认为体育治理一词是体育与治理的复合词，体育治理遵循治理的理念和原则，要求治理主体运用一系列平等、协同、多样的手段对体育公共事务进行管理和革新，以实现最终利益最大化的全过程。由于我国的体育事业是社会主义事业的重要组成部分，因此我国的体育治理也是立足于国家和人民的利益而存在，在国家治理体系和治理能力现代化理论影响下，体育治理也被赋予中国特色和时代特征。

（二）城市社区体育治理

随着全民健身上升为国家战略，城市社区体育治理工作的重要性越发凸显，尽管是国家治理的细枝末梢，但始终关乎基层体育工作能否落实到位，关乎群众

---

① 杨桦.中国体育治理体系和治理能力现代化的概念体系 [J].北京体育大学学报，2015，38（08）：1-6.

② 范叶飞，马卫平.体育治理与体育管理的概念辨析与边界确定 [J].武汉体育学院学报，2015，49（07）：19-23.

③ 李金锁，张艳芳.体育治理的概念内涵与实现路径 [J].广州体育学院学报，2019，39（06）：11-14.

的体育愿望能否得到满足，关乎全民健身国家战略能否达成目标。学界关于城市体育治理的研究常常围绕"谁来治""治什么""如何治"这三个方面而展开，即要求人们明晰治理主体、治理内容、治理机制。结合国内体育治理的相关文献，可以得知，政府、市场、社会组织、居民是城市社区体育治理的主要治理者，体育场地建设、体育器材使用、体育资金投入、体育活动组织、体育竞赛开展、国民体质监测、社会体育指导等都是城市社区体育治理的内容，而协同治理、协商治理、多元共治是城市社区体育治理的主要手段机制。结合上述关于城市社区治理的相关论述以及对城市社区体育治理主体、治理内容和治理机制的内容分析，笔者认为城市社区体育治理是基于地理空间视域下，多元治理主体凭借多样的治理方式对社区内部体育公共事务和公共体育服务供给进行协商共治，以实现城市社区公共体育服务利益最大化和社区体育可持续发展的过程。

（三）治理效能

"治理效能"是"治理"和"效能"的复合词，厘清效能的内涵和外延是进一步理解治理效能整体概念的重要前提。效能一词最初出现在物理学领域，而后广泛运用于社会科学领域，在一些企业中常用效能一词指代企业绩效。《辞海》中关于"效能"一词有两种解释，一是作为名词而存在，指效力、功效，是事物在一定条件作用下所反映的效率程度的多少；二是作为动词而存在，是指行为主体为了达成一定目标而运用一定的手段进行的一切有目的的活动。根据词典的解释，可以将效能一词初步概括为行为主体在为了达成一定目标而运用一定的手段进行的特定活动时所反映出的效率、效益程度。但是，效能又不完全等同于效率和效益，效率和效益注重的是结果，而效能更侧重于过程。取得了效率和效益并不代表产生了效能，但是一旦产生了效能就一定能够证明已产生了效率和效益。效能相较于效率和效益所蕴含的成分更加复杂，实现的难度更大，产生的门槛更高，促成最终效能释放、提升的内外部限制因素更多。

随着社会发展进步，效能一词的使用范围逐步扩大，不单单局限于物理学和社会科学领域，国家治理体系和治理能力现代化目标的推进让效能一词进入政治学领域并与国家治理活动产生了密切联系。吕普生认为治理效能就是治理活动所产生的一系列积极效果和正面影响，是治理制度和治理体系作用之下最终指向治理目标的实现程度。丁志刚、李天云认为治理效能是治理的实际行为表现和治理体系与治理能力现代化任务目标之间的匹配程度，是衡量治理结果是否有效和目标是否达成的关键标志[①]。通过上述对效能一词的详细剖析及其他学者对治理效能概念的界定，笔者将治理效能理解为治理主体为了达成一定目标通过一些积极手段和正确方式进行治理活动，最终取得了较大程度的积极作用和影响，是对治理目标实现程度的积极反应。

（四）体育治理效能

体育治理效能是"体育"和"治理效能"的复合词，是对公共体育事务治理的效果、效率和效益程度的体现。体育治理效能集中反映了党和国家对于中国体育事业给予的厚望，反映了国民的体育诉求，承载实现现代化体育强国之梦的重任。随着经济社会的发展，体育治理过程中暴露出的弊端尚未完全解决，体育治理效能较为低下，体育治理主体权责意识淡薄，体育资源整合力度不够，仅通过构建公共体育服务治理体系和提高体育治理能力不能够实现现代化的体育治理目标，因此更加迫切需要在中国体育制度优势下找到一条体育治理效能提升路径，实现制度优势到治理效能的转变。将治理效能的相关研究融入体育领域中是学术发展的必然趋势，是实现体育治理体系和治理能力现代化的必经之路。体育治理效能作为一个复杂的系统，其内部的价值理念、目标任务、体制机制、运行模式等都离不开社会主义核心价值观的引领，都务必遵循中国特色社会主义道路和中国特色社会主义实践。

二、嘉兴市"运动家"智慧社区体育治理的实践

（一）嘉兴市"运动家"智慧社区体育治理整体概况

由于过去长期受举国体制的影响，国家优先发展竞技体育而忽视了群众体育，使得我国相较于西方发达国家而言群众体育的起步较晚、发展时间短、整体差距大。近些年来，在"体育强国""健康中国"等战略目标的提出与推进之下，我国全民健身事业有了突飞猛进的发展，大众健身面貌焕然一新。城市社区作为城市居民最基本的生活圈，是城市发展的关键细胞，在促进全民健身事业的繁荣和大众身心健康发展上产生了不可替代的影响。

人民日益增长的美好生活需要和不平衡不充分的发展之间的矛盾是当前我国社会的主要矛盾，这个矛盾也同样存在于我国城市社区体育发展之中。纵然我国

---

① 吕普生.我国制度优势转化为国家治理效能的理论逻辑与有效路径分析 [J].新疆师范大学学报（哲学社会科学版），2020，41（03）：18-33，2.

城市社区体育发展取得了一些可喜的成绩，但城市社区体育治理依然面临了很多严峻的挑战。例如：城市社区体育治理主体权责意识模糊，体育治理认知观念不强；城市社区体育治理供需结构失衡，体育供给与需求间矛盾突出；城市社区体育资源分配不均，忽视对供给对象的分层治理，城市社区配备社会体育指导员不足，体育治理效能低下。为了尽快解决城市社区体育治理过程中的现实困境，实现我国在体育领域治理体系和治理能力现代化目标，更好地将制度优势转化为治理效能，推动构建"共建共治共享"的基层社会治理格局，中央和地方各级政府必须以国家治理现代化目标为指引，结合"智慧＋体育"治理模式，运用多元化、多样化、个性化、现代化的治理方法手段，增加城市社区体育公共服务的高度和深度。

（二）体育场地建设与健身器材投入基本情况

"十三五"时期以来，浙江省体育系统深入贯彻落实省委省政府关于"数字浙江"建设重大决策部署，不断加快数字体育、智慧体育、智能体育项目建设步伐，在各级政府、体育部门、体育协会的共同努力下，进一步打破传统体育工作建设思路，已基本形成体育智慧化、体育数字化、体育信息化新局面，促使省内体育面貌焕然一新。"十四五"时期，浙江省承袭"十三五"时期体育改革发展成果，印发了《浙江省数字体育建设"十四五"规划》，力争在全面建设社会主义现代化新征程的第一个五年内探索出一条体育现代化发展之路，为实现体育强省目标夯实基础。

调查显示，嘉兴市截至 2020 年全市共建成 200 多个全民健身场地，全市首批建成"运动家"智慧社区体育示范点 85 个，2021 年预计新建 200 个"运动家"智慧体育社区，同比上年增加 115 个，新增率达 135%。据不完全统计，"运动家"智慧社区内所有场馆已初步实现或已实现智慧化改造处理，2020 年辖区内已接入智慧平台的场地近 1000 个，截至 2021 年 4 月底辖区内已接入智慧平台的场地已达到 1267 个，社区内公共体育设施 15 分钟步行可达"覆盖率"达到 80% 以上，人均体育场地面积达 2.37 平方米[①]。根据智慧平台上数据综合分析得出，"智慧＋体育"模式引入后，社区内每片场地的使用效率总体提升了 200%～300%，从原先的 3～4 小时／天提升到了 8～12 小时／天[②]。"运动家"智慧社区内及周边涵盖了标准篮球场、足球场、排球场、田径场、羽毛球馆、健身房、网球场、乒乓球室、台球室、瑜伽房、轮滑场、排舞房、射箭场、健身步道等，还有集体育场馆、塑

---

① 嘉兴市体育局 [EB/OL].[L202-6-21]（2023-07-11）.http://yj.jiaxinggv.cnat/2021/6/28/art.htmnl.

② 浙江新闻网 [EB/OL].[2021-10-20]（2023-07-11）.http://zjzjol.com.cn/news.html.

胶步道、标准田径场、游泳馆于一体的大型全民健身活动中心。社区内，还有专门针对老年居民开设的老年人棋牌室、门球场、飞镖区、钓鱼休闲区；针对青少年儿童建立了儿童专属游乐区，开设了儿童蹦床、卡丁车项目；为女性运动者新建了舞蹈房、瑜伽室。嘉兴市在地理环境上被描述为"七山二水一分地"，辖区内的土地资源有限，因此为了充分利用土地，通过合理规划城市空间来进一步满足群众对健身场地的需求，例如：将市内众多立交桥下能够遮阳挡雨的开阔空地改造成了群众锻炼健身场所，让健身爱好者们可以在桥下进行广场舞、门球、太极拳、健身气功等项目的练习。每片场地的外围都筑起了钢丝网，有一个智能电子门，通过门口机器刷脸识别后方可进入，全程自动化管理，十分方便。借助"互联网+"发展契机，全部"运动家"智慧社区体育场接入数字网络平台，致力于实现全民健身体育场馆和场地共建、共治、共享。

"运动家"智慧体育社区内的标配是"百姓健身房"和室外运动场，且都采用了脸部智能识别系统管理进出入。健身房内一般分为有氧区、力量区、瑜伽房、乒乓球室、休闲区等公共区域，总面积 300～500 平方米不等。室内健身房配备了跑步机、登山机、椭圆机、划船机、动感单车、各种力量训练器械和功能性训练器械来满足社区居民多样化的体育健身需求。特别值得注意的是，社区健身房室内还配备国民体质监测一体机，可以随时对社区居民身体状况进行监测。室外配备 2～4 片标准篮球场、1～2 个小型笼式足球场，以及多种多样的塑胶健身步道。

（三）体育活动组织与群众赛事开展基本情况

有序举办群众体育赛事是激发城市社区居民参与体育运动最直接的手段，让社区居民通过体育运动发现乐趣、体验运动乐趣、享受运动乐趣能够营造社区体育良好氛围。2021 年是东京奥运之年和我国全运之年，竞技体育比赛的热烈气氛激发了全民健身的热情。为了贯彻落实习近平总书记关于体育工作的重要论述和指示精神，实现"全民健身""体育强国""健康中国"国家战略目标，推动全民健身和全民健康深度融合，在新冠肺炎疫情得到严格控制前提下，嘉兴市经开区为了欢庆国家第 13 个"全民健身日"的到来，在全民健身季组织举办了区第二届中小学（幼儿）运动会、区首届社区运动会、区老年人运动会和区第十七届职工运动会，总共设有幼儿趣味足球、少儿田径、成人 3 人篮球、老年人门球等 29 项群众体育竞赛，为广大社区居民搭建了多元化、多样化、多层次、多项目的健身互动平台。

（四）国民体质监测与体育健身指导基本情况

良好的身体状况是人类进行一切活动的物质基础，国民体质健康是实现"两个一百年奋斗目标"和中华民族伟大复兴的物质基础，各级政府已经深刻意识到在全民健身活动中开展国民体质监测的重大意义。对于个人而言，体质监测与传统意义上的医疗体检有所不同，医疗体检是检测身体健康程度和身心缺损情况，而体质监测主要侧重于帮助国民深入了解自身身体素质状况的总体结果和总体的评价，从而为组织体育锻炼活动提供科学的依据。嘉兴市"运动家"智慧体育社区每家"百姓健身房"内都配备了国民体质监测一体机，社区居民可以随时进行免费的身体状况检测，仪器会根据个人所测的实际情况进行初步分析，并开出相应的运动处方。每个"运动家"智慧体育社区会不定期组织"体质监测进社区"的活动，在工作人员的耐心指导下对社区体育爱好者进行身高、体重、血压、握力、纵跳、台阶试验等测试，并结合监测所得结果对社区体育爱好者提出科学锻炼的指导方案。嘉兴市于2020年9月进行第五次国民体质监测工作，以各社区、街道为单位进行抽样检测。全市此次国民体质监测工作除了检测身体形态、身体机能、身体素质、身高、体重、肺活量、体脂率、30秒坐站、2分钟原地高抬腿、选择反应时等25项基本指标外，还新增了心理健康调查问卷用于评估心理健康情况。与往年相比，此次国民体质监测抽取样本数更多、检测范围更广、年龄跨度更大，抽取南湖区2080人、秀洲区1560人、经开区360人，检测对象主要为3～79岁年龄段的儿童、青少年、成年人和老年人，有利于全面了解嘉兴市国民体质现状和掌握变化规律，为城市社区居民美好、幸福、健康生活奠定身体物质基础。2021年9月嘉兴市经开区塘汇街道永政社区首个"体医养"融合服务站建成并投入使用，总投资约为40万元，占地面积约160平方米，场地内所有区域均向民众免费开放，社区内居民可以通过"社区运动家"微信小程序进行信息查询。从2016年开始，嘉兴市秀洲区累积了24所学校5年间全体学生体质健康数据共计155 216条，并且依托线上平台实现了学生体质测试数据全流程、信息发布全过程、评价对象全覆盖[①]。

"运动家"智慧社区通过对自身的改进和完善，在短短两年内已经吸引了越来越多的社区居民参与进社区体育活动中，感受运动带来的乐趣。随着参与社区体育活动人数不断增多，社区居民对于社区公共体育服务的要求也在逐步提高，

① 嘉兴市打造"邻里运动"[EB/OL].[2021-11-10]（2023-07-11）htt:/fixi/gov.cnart2021/9/6/art58907394.html.

对于多元化、个性化的体育活动需求量更大。在"运动家"智慧社区筹办前，社区内普遍存在着社会体育指导员人数少、指导效率不高的情况，一定程度上打击了群众参与体育锻炼的积极性。嘉兴市政府为了解决这一困境，有效提高科学健身指导水平和全民健身公共服务能力，增强全市国民身体素质和健康水平，指导社区居民进行科学锻炼和健康生活，在本市社会体育指导员协会的帮助下从各行各业挑选培养了社会体育指导员已达 13 000 余人，社会体育指导涵盖了篮球、足球、排球、田径、乒乓球、羽毛球、网球、轮滑、游泳、健身、健身操、太极拳、健身气功、瑜伽、广场舞、排舞、跳绳等项目。2015 年，嘉兴市成立了社会体育指导员协会，该协会一直致力于推广和普及社会体育指导工作。他们组织和举办各种级别的比赛、培训活动和体育公益服务，旨在提高全市社会体育水平，促进全民健身运动普及，并为群众提供更加丰富多彩的体育文化生活，在"十三五"期间共进行了超过 25 万次的公益培训活动。为此，该协会连续三年被市体育总会评为了"三化五有"评估等级为 3A 的体育社团。在新型冠状病毒疫情期间，体育局与协会合作推出了线上零基础培训活动，旨在方便在家无法外出的人们学习网球、羽毛球、地掷球等项目，并且这种活动也没有时间与空间的限制，吸引了更多的社会体育指导员和大众参加，一方面成功地解决了社会指导员定期培训的问题，另一方面也向人们展示了科学规范的健身方式。

（五）体育知识普及与体育信息宣传基本情况

《全民健身纲要》的颁布将人们关注的重点从竞技体育逐步转移到群众体育上来，人们逐渐意识到体育运动不再是运动员的专利，体育锻炼对于每个人的发展都至关重要。嘉兴市部分社区通过开展"科学健身"科普知识巡回讲座活动来向社区内体育爱好者传授科学健身知识和自救技能，让大家在享受运动乐趣的同时掌握正确运动健身要领，预防运动不当造成的运动损伤，共同营造良好的全民健身和全民健康氛围。充分考虑到不同年龄段的不同群体对于体育健身需求各不相同，讲座分别根据学生、青年人、老年人、残疾人等多种群体分成不同场次，每次科普宣讲的内容也大不相同。针对学生群体，讲座主要普及基本体育运动基本常识和基本防溺水自救技能，并且还会通过体育游戏激发学生的运动兴趣。针对老年人群体，讲座主要侧重于普及传统养生学、体育保健学知识，讲解适当运动对于增进延年益寿的好处，教授太极拳基本运动要领。针对青年群体，讲座就会增加办公室健身操教学学习环节，让青年群体劳逸结合，预防久坐危害，还会相应地传授心肺复苏知识和技能。只有切实做好城市社区体育健身知识普及工作，才能保证居民掌握了科学合理的健身方式，深度实现全民健身和全民健康目的。

三、社区体育治理效能提升理念

根据嘉兴市"运动家"智慧社区体育治理实践，总结了以下几点来提升社区体育的治理效能。

（一）数据化治理理念

1. 完善城市社区体育治理中的数据规划能力

由于数据具有多元、多维、多样的特性，数据化治理也是一个长期、复杂的过程，城市社区体育数据化治理过程中产生数据的主体有政府、市场、社会组织、居民个人等，这些主体共存于一个治理系统之中，以数据为中介来促进彼此间的联系，因此在进行城市社区体育治理之前就要做好部署，加强对数据的规划能力。首先，要优化组织结构，将数据纳入城市社区体育治理的长期发展规划，明确组织架构中各治理主体的相关职责，处理好数据的来源和权属关系，有序推进城乡社区体育数据化治理工作。其次，要完善跨板块、区域、机构的数据融合应用机制，处理好各方数据共享和对接工作。最后，要构建数据治理标准体系，严格按照标准来收集、分析、处理、储存、使用数据资源，为数据的共建共治共享提供良好的条件。

2. 提高城市社区体育治理中的数据管理能力

数据管理的手段较为丰富，可以是分级管理，也可以是综合管理，但当前以分级和综合相结合的管理模式为最佳。分级和综合相结合的管理模式可以将数据在分级管理时和综合管理时的优势都发挥出来，从而有效提高城市社区体育治理中的数据管理能力。在分级管理方面，首先要制定数据的分级管理标准，评估数据的重要程度等级，针对不同等级的数据采用差别化的管理措施，这也是城市社区体育精细化治理的一种体现。在综合管理方面，要建立全局数据管理目录，对整个数据系统实行宏观管理和全面梳理，解决好数据整体利用率不高、数据搭配使用不足、数据质量不高等一系列问题。

3. 发挥城市社区体育治理中的数据应用能力

如何有效应用数据，进一步凸显数据化治理的优势是城市社区体育数据化治理的核心环节。云计算的发展和广泛应用能够为眼下海量数据处理提供便利，也能够进一步发掘数据的深度和拓展数据的使用范围。面对城市社区体育治理过程中体育场地、器材、设施、活动、竞赛等海量信息数据的共享难题，要切实发挥对数据的应用能力，借助 5G、互联网和智慧平台，快速传播社区居民需要的实时体育资源信息，共享城市社区体育场地、器材、设施、活动、竞赛等体育资源，提升城市社区体育治理中的数据流通速度和流转效率，打造城市社区体育数据化治理的"快车道"。

（二）精细化治理理念

1. 精准定位，立足城市社区体育治理实情

精细化治理要求一切从实际出发，尊重个体差异和地区差异，尽可能贴合城市社区发展实际，立足于城市社区体育发展定位。城市社区的地理位置、经济基础、历史文化、发展前景等因素是城市社区体育治理精准定位的前提。例如：我国江浙地区运用精细化思维，结合地方特色，利用经济优势和区位优势建设了一批智慧体育示范点，打开地区知名度，拉动地方经济增长；我国多数一线、二线城市陆续在社区周边建成一座座体育文化公园，在惠民利民的同时，也为城市对外发展增设了地标性的景点。国内较有特色的体育文化公园有上海闵行体育公园、南京青奥体育公园、杭州城北体育公园、张掖国家沙漠体育公园、北京南宫体育公园等，这些体育文化公园结合了地方特色，将自然景观与人文风情完美结合，宣传体育运动的同时也展现了中国精神。

2. 精确分层，识别城市社区体育治理对象

由于城市社区体育治理的主要对象是辖区范围内的全体居民，因此城市社区公共体育服务供给具有普适性特征。公共体育服务供给的普适性一定程度上能够满足一部分居民群体的体育需求，但难以真正实现全覆盖、满足全部群体的体育需求。精细化治理理念要求对治理对象精确分层，识别城市社区体育治理不同对象，改善盲目供给、供非所求、供非所需的现状，对于儿童、青少年、老年人、残疾人等特殊群体也会提供相对适合的公共体育服务。

3. 精细规划，普及城市社区体育治理智慧化网络

当前城市社区体育治理智慧化网络处于初步发展阶段，城市社区体育智慧化治理生态系统未完全健全，因而在智慧化网络系统运转过程中也衍生出了各板块之间衔接生硬、数据信息泄露、技术应用成熟度较低等现象。精细化治理理念要求精细规划，普及城市社区体育治理智慧化网络，通过一区之间的联动，过渡到一市之间的联动，再进一步覆盖全省，加紧板块与板块间的衔接，密切区与区之间的联络，逐步修补城市社区体育治理智慧网络的安全漏洞，不但要解决好技术

上的问题，更要解决好安全上的问题，唯有如此，才能够打造出城市社区体育治理智慧化良性网络生态系统，产生事半功倍的治理效能。

（三）整体性治理理念

1. 保持体育治理价值取向整体一致

从"碎片化"走向"整体性"首先要保证在城市社区体育治理工作上价值取向一致，打破价值取向上的碎片化，才能保证后续工作朝着统一目标前进。全民健身政策执行的"整体性"范式，将满足广大人民群众多元化、多样化、个性化的体育需求作为全民健身政策执行的价值目标取向，同时强调"以解决人民的生活问题为政府运作的核心"。不论是日后制定何种城市社区体育政策，都需要在政策制定与执行过程中反复确认整体价值取向，确定是从城市社区居民的体育利益出发，而不是从政府、体育组织等少数群体的利益出发，不断与目标群体沟通交流，使其对城市社区公共体育服务满意，对政府和政策认可。

2. 维持多元治理主体关系整体和睦

为了实现整体性治理，城市社区体育需要建立多元化治理主体之间的协同体制，以实现协同效应为理论基础的治理模式。这种模式强调不同部门应协同合作、整合资源，以共同实现整体治理目标。在政府不同部门之间、政府与社会之间都要重塑政策执行主体的关系，推崇治理主体之间的协同与整合，从而打破治理主体关系上的"碎片化"，最终实现城市社区体育政策中蕴涵的公共体育利益。信任是沟通的前提，为了达成城市社区体育治理目标，需要增强城市社区体育政策的多元治理主体之间的信任。同时，要保持多元治理主体整体关系的和谐，通过建立相应的部门合作机制和利益协调机制，来整合不同部门之间的公共体育资源和服务。

3. 保证社会参与体育治理渠道整体畅通

社会广泛参与城市社区体育治理，对于提升群众体育政策质量和监督评估体育政策执行过程具有重要作用，因此社会的广泛参与是城市社区体育政策有效执行的重要条件。从我国现阶段城市社区体育政策的执行过程来看，社会参与度还不够高，群众体育自治意识还未完全觉醒。为了保证社会参与体育治理渠道的畅通，理应在城市社区体育政策的制定、执行或是反馈环节都确保有社会力量的参与，让体育专家、学者、社会体育组织以及社会公众都有机会参与体育政策的制定，同时政府和其他主管部门也要多多给予社会参与体育治理的机会和平台。

第二节　社区体育设施空间布局——以苏州市姑苏区为例

城市体育设施是居民生活不可或缺的部分，满足了人们体育锻炼、娱乐社交等不同层次的需求，为城市和社区增光添彩。

一、我国体育设施现状

国内对于社区体育设施的空间布局的探讨研究是最近才兴起的。由于体育设施建设中存在各种不合理的问题，影响了社区体育健身事业的开展，不符合建设体育强国基本的方针政策的要求。

社区居民想要健身锻炼，但缺乏充足的体育设施供其使用。现有的体育设施多为篮球场、乒乓球场、健身步道，功能和结构单一，不仅如此，还存在着球场建设不标准的问题。区域发展不同导致人口分布不均匀、传统的体育设施布局不合理，存在着某些区域高负荷运转、某些区域是服务盲区的弊端。同时，规划和建设的针对性较弱，导致有一部分居民无法享受到公共设施和服务。我国社区体育事业的矛盾在于，未来城市居民的体育锻炼需求不断增长，而社会体育资源却无法满足这种需求。因此，我们必须加强对体育设施建设的研究，提高布局的合理性，以解决这一矛盾。

二、体育设施建设体系

体育设施建设体系的分级体育设施规划布局研究的基础与前提，蔡玉军根据上海市的行政区划和城镇体系，将公共体育空间划分为城市级、区县级、乡镇街道级、居住区级、居住小区级等五个等级[1]；夏菁在研究中将社区体育设施划分为城市片区层级、标准社区层级、基层社区层级三个层级[2]；金银日在对上海市居民体育休闲行为的供需关系研究中，将体育休闲空间划分为居住区型、社区型、城市公共型、城市商业型、城郊广域型五大类[3]。一般来说，侧重规划建设方面的研究会以规模层级为标准划分；而评价的研究会根据建设类型进行划分。这样的分类方式为我们提供了一些研究思路。本书的分类体系，参考了一些当前的规划成

---

① 蔡玉军. 城市公共体育空间结构研究 [D]. 上海：上海体育学院，2012.
② 夏菁. 城市社区体育设施规划布局方法优化研究 [D]. 合肥：安徽建筑大学，2014.
③ 金银日，姚颂平，刘东宁. 基于 GIS 的上海市公共体育设施空间可达性与公平性评价 [J]. 上海体育学院学报，2017（03）：42-47.

果，如《苏州市城区体育设施布局专项规划（2008—2020）》中将苏州中心城区的体育设施分成不同的级别和服务范围，包括市级、区级、社区级以及基础型社区体育设施。本书的分类范围在此基础上做了一些修改，由于研究仅覆盖苏州城区内范围较小，同时市级及区级的体育设施数量较少，因此总体概括为大型社区体育设施。社区级体育设施在专项规划中的概念较为模糊，类型也比较丰富。因此，为了更好地满足特定的使用需求，我们将其分为三种不同的中型：专项中型、老年活动类中型和青少年儿童类中型。这样做可以更好地满足社区居民对体育设施的需求。

三、苏州市体育设施建设状况

（一）社区体育设施质量差距大

受体育设施的规划定位与建设投入的影响，不同层级的体育设施不仅在规模、项目类型上不同，在建成质量与维护水平上也存在很大的差距。

1. 大型社区体育设施概况

在大规模社区中，体育设施相较于中小型社区更加充足，类型也更丰富。而且由于资金充足且管理措施到位，因此在硬件维护、人员服务以及后期保障方面表现都比较优秀。

比如，苏州市市民健身中心分为三个主要的场馆，分别是体育馆、体育场和苏州游泳池，它们都是对外开放的，市民可以在三个区域享受实惠的价格。其中，体育场占地 15 000 平方米，围绕着跑道，又划分出了多个笼式的五人足球场。体育馆项目包括 16 个保龄球道、一个 2600 m² 的室内游泳池、3 片标准的篮球场、14 片乒乓球场，还有羽毛球场和桌球室。此外，游泳馆是苏州唯一常年开放的室外游泳池。许多运动爱好者通过自驾或乘坐公共交通前往体育设施进行团队锻炼，因此体育设施的实际影响范围超出社区生活圈的可达范围。

2. 标准型社区体育设施

通常情况下，标准型社区体育设施会和社区或街道的活动中心结合起来，将户外大型场地和室内的小型活动场所组合在一起，满足居民不同类型的需求。和大型社区体育设施相比，标准型社区体育设施普遍缺乏排球、足球、游泳、舞蹈和跑步等场地，同时羽毛球和网球场多数是非标准场地，例如在新湘苑社区活动中心内，羽毛球场被安置在篮球场的中线区域，因此篮球和羽毛球的活动区域会有一定的重叠。通常情况下，标准型社区体育设施是全天候向社区居民免费提供使用的，因此使用人数比较多。如果设施场地得不到及时有效的维护和更新，它们就会出现各种程度的损毁与破坏。

3. 基础型社区体育设施

社区内部的活动中心的建设情况，和社区建设息息相关。在新的住宅区或高档住宅区，体育设施的配套设备已达到较为先进的水平。例如，位于姑苏区的仁恒公园世纪小区配备了室内室外双泳池，其中室外游泳池面积达到 500 m^2，采用恒温设计。而传统的老旧住区里面的活动中心通常规模较小，主要设施是为老年居民设计的，如乒乓球室、健身房等，同时也会在花园里设置健身步道方便居民休闲娱乐。一些老旧住宅区的基础社区体育设施状况更差，以盘溪新村为例，它的活动中心的布置是集中式的，一些设施建成后很少得到维护和保养，导致器材经常损坏，环境也显得十分简陋。而新建住宅区，也可能会出现类似情况，原因是住宅区建成时间不长，物业的管理水平低下。

4. 中型社区体育设施

中型社区的体育设施类型包括针对老年人的活动中心、少年宫中的运动馆或儿童游戏场，以及专门用于球类、健身、轮滑等项目的设施场地。这些设施的建设模式和标准没有统一规定，它们的建成状况主要取决于建设初期的资金投入和后期维护的水平。在市场竞争的推动下，一些社会经营的健身房保持了较高的服务水平和较大的优惠幅度，但同时一些场馆也遇到了不小的困难，如用地有限、空间狭小等，导致场地采光和空气质量等方面都不尽如人意。

（二）社区体育缺乏专业指导

根据相关规定，社区应该依据体育设施用地规模来安排社区体育指导中心。然而，事实上，许多社区并没有建立体育指导中心，或者即使设立了相关部门，也缺乏实际的负责人。当前，社区体育仍然是通过居民个人自发组织在小范围内进行，缺乏社区的整体规划和组织，同时也缺乏专业的支持和指导。此外，体育设施的管理和维护也缺乏专业的管理和维护人员。同时，锻炼者和场地管理之间也缺乏有效的沟通机制。这些问题会妨碍社区居民进行长期连续的体育活动，同时也难以使社区体育具有凝聚力，难以形成体育锻炼"运动圈"。

在西方一些发达国家，社区内的体育俱乐部已经发展得相当成熟，它们在社区体育活动中起着重要的作用。它们的职责包括协调和管理体育设施的使用，以及组织民间赛事。同时，它们与官方体育部门合作，将社会基金合理使用，用在提供专业的体育技术指导，以及维护和管理社区体育设施上。近年来，国家体育总局鼓励社区成立体育锻炼基层组织，即社区体育俱乐部。目前，上海、广州等地已经开始试行这一组织形式并初见成效，但是苏州在社区体育的组织和管理方面还没有这方面的科学、先进的指导。

四、社区体育设施空间布局的优化策略

根据上述体育设计建设的有关研究，以及苏州市体育设施建设情况，总结了以下几种社区体育设施空间布局的优化策略，为苏州市乃至全国的社区体育设施空间建设提供参考。

（一）社区体育设施规划布局原则

1. 公平性原则

社区体育设施规划布局的公平性原则主要有两个方面：第一，确保各个区域的规划建设的公平性。也就是说，在整个城市范围内实现网络化的建设布局，以确保不同区域的居民都能轻松获得体育设施服务。第二，应当考虑到不同人群的机会公平。建设社区体育设施时，需要针对不同人群的需求规划和推进。基于各个区域的人口差异，相应地调整布局模式和设施配置方式，以确保服务与需求之间的平衡。这样，我们就能够将有限的社区体育设施资源公平地分配给所有居民。

2. 因地制宜原则

长期以来，苏州市姑苏区已经形成了多种类型、质量的社区。为了建设社区体育设施，我们需要根据实际情况，量化社区现状，合理利用有限的空间和体育资源，充分挖掘潜能，以适应各个社区的需求。针对不同的区域，应该制定具体的发展方案，打造有特色的社区体育设施建设，以改善当前社区体育设施数量不足、项目类型单一等问题。

3. 整体考虑原则

社区体育设施的建设不仅涉及体育场地的营建，更关乎社区环境和居民生活的改善。

在规划和设计体育设施时，需要综合考虑用地条件、生态环境等因素，并全面考虑设施的功能和空间特点，以使建成的体育设施也能够融入城市的公共空间和景观体系中。为了顺应未来的发展，社区体育设施的设计需要考虑到如何更贴近实际需求，以创造更便捷、专业、社交、安全、更能强化归属感的锻炼空间。

4. 可持续发展原则

由于城市用地日益紧张，社区体育设施的布局还需具备先见之明。在规划和建设时，应当遵循合理利用土地资源，提高土地利用效率的原则。为此，可以优化利用已有的体育设施场地，改善老旧设施、厂房仓库等闲置用地资源。此外，可以考虑将社区体育设施布局在社区活动中心、城市广场、商业综合体等场所中，以实现城市空间的最优化利用。

（二）社区体育设施规划的方法

1. 球类场地

（1）布局设计

在社区体育活动中，篮球、足球等球类运动极受中年和青年人的欢迎，其参与度较高。不同种类的球类场地的设施都相似，它们都需要在标准的场地上配备特定的设备，如篮球架、足球门框或羽毛球挡网等，以便正常比赛。参与球类运动需要频繁地运动身体，这种运动有一定的冲击力。所以，在设计比赛场地时必须充分考虑安全因素，以避免或减少跌倒、碰撞等意外事故对参赛者的伤害。

第一，运动场地应该保留一定的安全区域，并确保该区域内没有任何硬性障碍物凸出地面。第二，根据不同运动的特点选用适当类型的面层材料来维护场地平整，防止磨损，并保持合适的滑动程度。球类运动通常是两队在场地内相对而立开展对抗，而室外场地的规划应当考虑到需要足够的用地面积和适宜的地形环境，同时尽量使得场地的长轴朝向南北方向布置，以便在比赛进行中避开阳光直射。

（2）节地设计

一些球类运动，如足球、羽毛球等，按照标准场地的要求建造，用地面积较大。对于规模较小的社区体育设施来说，可以采用三人足球场、五人足球场、篮球半场等非标准场地来节省用地。同时，在社区用地受限的情况下，应该适当减少在同一场地上进行体育项目的人数，以满足居民对体育设施类型多样化的需求为第一考虑因素。

例如，在一些在这个空间有限且杂乱的环境中，可设计一些形态独特的运动场地，如"U 形足球场""梯形足球场""转角足球场"等。虽然这些场地的形状不尽相同，但是都保留了足球比赛必备的要素，如球门、中线、中圈等。这样具备灵活性和可塑性的场地让居民获得了更多的乐趣，同时也使社区体育呈现了独特的魅力。还有一种设计策略是实现体育场地上的多样化的使用。在大型体育场馆中，这种方法已经有了很成功的应用。如浙江台州的椒江文体中心内场为

40 m×70 m，有固定座位4500个，活动座位1500个①。为提高场地的利用率，可通过移动活动座位的方式，根据活动形式的不同，规划出不同的比赛、训练、健身和演出场所。社区体育设施规模通常较小，因此在追求多元化的理念下，需要更准确、更合理地设计体育场地。在研究社区体育设计策略时，有专家建议以普及度最高的篮球场为基本单元，在划分和整合的基础上形成多功能场地设施，以在不同时间段为人们提供多样化的体育项目。

2. 健身器械

当今，在城市社区中，健身设施主要通过三种方式来建设。第一，由开发商在居住区内配套建设健身点或健身苑；第二，国家体育彩票中心划拨资金，根据"全民健身计划"的要求，为原本建设不足的老旧小区增建健身设施，通常采用每组7件器材的布局方案。第三，由个人或团体经营，向所有居民提供健身服务的健身机构，例如位于平江新城体育公园和工人文化宫二楼的英派斯健身房。

（1）设施类型

健身器材的种类繁多，适用于不同年龄阶段、不同健身需求的人群，因此在设置健身器材时需要考虑各社区人群的差异化需求。比如，在老年人比较多的老旧居住区和社区公园中，应当多设置太空漫步机、蹬力器、梅花桩、扭腰器、太极推手等器材，它们易于使用，对技术要求不高，特别要考虑到老年人进行身体恢复活动；同时，在新建住区和健身房中，可以多增设仰卧起坐平台、单双杠、臂力训练器、举重床、跑步机、划船器等设备，它们对力量素质要求较高，比较适合中青年人进行身材塑形和肌肉增长的锻炼。

（2）布局设计

由于健身器材的类型较多，设备设计没有标准的尺寸规格，并且缺乏一致的使用指南。针对具体情况，需考虑到健身器材的规模、数量以及缓冲距离，以此为基础来有序地配置设施。在场馆设计中，应当避免各台器械间过于封闭，以便锻炼者之间可以互相看到并保持视线交流。同时，为了避免干扰，运动区和通道区、休闲区之间应保持一定的距离。

基础社区体育设施中，室外健身器材是主要的设施种类。它们的规模相对较小，设计灵活，可以集中布置并形成一定规模，也可以分散布置在绿地、广场、居民区及城市步行道旁，以达到节约用地、方便居民使用的目的。在室内健身房

---

① 金坤．综合·高效·专业·多元——公共体育场馆建筑设计特征研究[M]．杭州：浙江大学出版社，2015.

中，安排健身器材时，应做到位置合理，摆放整齐，并与环境相适应，才能创造良好的健身氛围。此外，还需准备体重秤、肌肉力量测试仪、身高仪、肺活量计等辅助设备，并提供与室内健身场所规模一致的男女更衣室、淋浴间和卫生间。

（3）注意要点

现今的健身器材主要是针对成年人设计的，幼儿使用时，因身高、体型及力量的不足而可能发生危险情况。所以，为了帮助居民更安全有效地使用，应在室内外健身点设置使用说明或警示标志。

3. 空地广场

（1）布局设计

露天综合场地可以用于组织集体性的体育锻炼，如交谊舞、健美操、武术等。此外，还可以举办一些富有当地特色民俗活动，如放风筝和陀螺等。此外，青少年们还能够在这里骑单车和滑轮滑等，这使露天综合场地成为广大市民心中的理想锻炼场所。据相关规定，室外的武术健身场地必须达到400平方米以上，而且其短边长度不得少于10米。但是目前来看，大多数小区的空地广场主要用于休闲目的，并未达到体育锻炼的标准。只有社区公园、社区活动中心和体育公园的空地广场面积较大。

鉴于许多小区内部用地紧张，当体育设施用地不能达到规范规定的面积时，可以考虑建造面积较小的场地，也能满足一部分人的健身需求。此外，针对太极拳、武术等可由单独一人进行的体育项目，可以在游憩空间或绿地中设置专门的场地，以满足这些活动对场地的需求。

（2）设置新兴户外设施

随着社会的进步，居民参与体育运动的方式越来越多样化，因此，社区建设体育设施时必须考虑未来居民在不同运动方面的需求，要具备超前意识。近年来，年轻人逐渐喜欢上攀岩、滑板、轮滑、脚踏车、旱冰等运动项目，但是这些项目需要专业场地，并且可供参与使用的体育设施并不多（通常只能在大型商业广场中找到）。此外，这些场地和设施的成本也较高。社区可以在现有较大的综合空地上划定一定面积，并在其中设置滑板台、U形池、攀岩墙等人工地形设施。社区还可以与社会运动俱乐部合作，共同建设可移动的，能够在不同空间重新组装的设施，在社区中也能实现项目的训练，为年轻人创造家门口的体育活动场地。

4. 健身步道/跑道

健身步道是一项户外体育设施，既适合不同年龄阶段的人散步，也适合慢跑运动。苏州市政府十分重视健身步道建设，相关部门在 2014 年制订了相应的建设规划——《苏州市健身步道系统规划》。该规划明确指出，苏州市在 2013 年至 2020 年期间分阶段建设、逐步完善全市的健身步道网络。到 2014 年为止，姑苏区已经确定了 95 条健身步道的规划建设，总计长度为 137.2 千米。

健身步道成为姑苏区社区体育资源中被居民广泛认可和使用的部分。对于新建步道和修缮原有步道来说，起到了良好的示范作用。然而，我们也发现了一些健身步道的实际使用问题。社区居民对健身步道的不满主要表现在：部分步道规模较小、缺乏变化；在长时间走或慢跑时，感觉单调乏味；此外，标识不够明显的健身路径经常会被停车或卖货的人占用。

（1）布局设计（规则路径）

如果体育设施用地形状较为整齐的话，就可以考虑设计直线型，或是环形的跑道。一般情况下，学校和竞技体育场在进行布局设计时，常常把环形跑道与足球场或田径运动项目，如铅球、跳远和跳高等结合在一起进行设计。而社区体育设施在设计时，则需要充分考虑社区居民的实际健身需求，结合广受欢迎的球类运动项目来设计。在安排场地时，一种方法是将直跑道平行于其他体育设施场地的长边安置，或者可以采用更加灵活的布局方式，围绕环形跑道设计其他体育场地。为了避免长走、跑步等锻炼者与其他运动项目的锻炼者在使用场地时发生冲突，应该在不同的运动场地之间设置缓冲区，同时，对于球类场地，还应该加设笼式围网。

与其他运动设施相比，建造健身步道的方式和成本更灵活。可以设计适合专业跑步的标准跑道，同时也可以考虑添加休闲步道的元素。苏州市一些老旧住宅区正在改造中，旨在将现有的步行空间串联在一起，形成健身路径。目前，步行系统仅起到引导行人路径和宣传健身知识的作用，未来需要对其进行更新或改进，使之成为真正适合步行和慢跑的健身路径。

（2）优化路型设计（不规则路径）

当整个户外游憩空间与健身路径相结合时，建议避免使用笔直平铺的道路设计，而是采用富有变化的环形路径，利用多种设计手法组织运动方向、划分空间和串联空间序列。这样的做法不仅可以提高用户的使用愉悦度，减弱使用时对距离的感知，还可以减弱风力的干扰。同时，路线应当避免出现缩短路程的捷径、绕弯路的拐角以及经过偏远危险的区域。通过将现有的景观资源串联在一起并连接不同的健身站点，可以增强健身步道的吸引力。此外，还可以在路径上设置休息设施，并结合植物、水体和建筑景观，共同构建一个集健身路径、广场和绿化景观于一体的生态系统。

在规划健身步道时，需考虑其材料性能，选择具有防滑、耐磨和弹性好的材料进行铺设。建议优先选择专业的塑胶跑道地面或沥青地面，并结合社区内的步行系统采用青石、鹅卵石等地材料。如果有夜跑需求，则可考虑使用荧光石材料。

（3）结合标识系统

在健身步道上要设置多种标识系统，或者通过地面图案进行标识，这不仅可以突出道路的功能，还能防止健身路径被占用或误用，并且能够宣传健身知识、鼓励人们参与健身运动。当前来看，姑苏区内的健身步道标识系统大多数采用在道路两侧设置标志，或者利用宣传栏来展示路径和点位的平面图，同时用文字标明健身宣传和注意事项，设计方式较为传统。

跑道的视觉设计可以增添趣味性，例如在杭州云栖小镇的屋顶跑道中，采用了全塑胶跑道，巧妙地使用了红、绿、橙三种颜色来划分跑道和慢行道，既能避免相互干扰，又能满足不同人的需求。运动场地不仅采用了有趣的图案设计和文字标识，还在绿色的慢行区划分了方格，让孩子们可以在此进行跳房子等游戏。

5. 室内综合

（1）布局设计

室内场地可以有多种用途，既能提供瑜伽、跆拳道、拳击、健身等个人健身项目的练习，也能实现集体运动项目的练习，如各种球类运动。我们可以按照社区的不同层级，比如居住区级、居住小区和组团等，建立独立的小型体育中心，以此来落实室内场地的需求。在平面布局中，可以以篮球场、排球场和羽毛球场为中心，周围安排一些小型运动室，如舞蹈室、健身室、瑜伽室和跆拳道室等。

除了设立体育项目，还应该将娱乐、休息室、社区体育办公室等多种综合功能相结合，为社区居民提供全方位的服务。

（2）功能置换

室内场地一般是一个宽阔、敞开的空间，它可以满足平时的运动需求，遇到恶劣天气或者严寒天气，更能凸显其优越性。在社区体育场所的室内用地不足、需求量较大的情况下，可以灵活运用空间，采用可移动或可拆卸的硬件器材，根据活动的需要，来调整体育项目的类型。

例如，德国的 Zimmern 社区活动中心在设计时，就充分考虑了日常健身活动的需求，同时也考虑到了举办各种比赛和庆典的功用。这座建筑的布局以一个双层高的多功能厅为核心，周围设有各种功能区。多功能厅的地面材质和采光配置符合球类运动的需求，适合举办社区体育活动。在社区中心需要举办演出或聚会时，可在多功能厅加设座椅，便成为一个小型观看表演的空间。基于球类场地多功能化使用的理念，社区管理员还根据不同的使用时间段进行合理的分配和规划，制定细致的场地开放计划。在白天，可以利用空置场地开展健美操、武术和舞蹈等培训和练习项目。在傍晚时分，这些场地可以用作社区居民广场舞的场地。在其余时间，场地可以正常开放作为篮球场地，如果需要的话，可以添加多功能健身器械、乒乓球桌和台球桌等设施，并举办体育锻炼交流活动。

第三节　高校体育院系与社区体育——以浙江省调研为案例

在城市体育发展中，社区体育扮演着重要角色。它不仅有助于提高社区居民的身体素质、丰富他们的业余文化生活和提升生活品质，还能够加强社区的凝聚力，促进社区精神文明的建设。社区体育的发展受到了一定影响，这是因为在组织管理场地设施、健身服务等方面还存在许多问题。所以，高校体育院系应该充分利用其体育人才、体育知识、体育场地器材以及体育信息等方面的优势，积极参与社区体育健身服务，为全民健身计划的制订和实施提供支持和依据。

本节旨在探究浙江师范大学体育与健康科学学院、浙江大学教育学院体育系、宁波大学体育学院、杭州师范大学体育与健康学院、温州大学体育学院、绍兴文理学院体育学院、湖州师范学院体育学院、丽水学院体育系、台州学院体育科学学院、丽水职业技术学院体育系，10 所高校体育院系的教育资源以及浙江省社区体育健身服务和社区居民参与情况，以期寻找通过高校体育院系促进社区体育发展的可行路径。

一、高校体育院系与社区体育的关系

（一）社区体育离不开体育院校的帮助

长期以来，社区体育发展进展缓慢，由于多种不利因素影响，未来要促进社区体育发展还需克服众多困难。

1.社区体育人才严重缺乏

若想促进社区体育的进一步发展，便需要许多拥有社会体育知识、技能的专

业人才前来社区从事服务工作。在这些专业人才中，体育教练员是主要的服务人员。自1993年起，我国开始实行社会体育指导员制度，并培养了许多具备专业资格的人才。但与发达国家相比，我国社会体育指导员数量不足且质量有待提高。按照日本的标准，每两千人应该配备一名社会体育指导员。但是在我国，社会体育指导员至少有60万人的缺口。此外，我们的专职指导员数量较少，大多数是兼职此项工作，且未接受过专业培训者较多，受过专业培训者较为稀少。此外，由于年龄大、教育背景有限等因素，这些人可能无法胜任高质量的社区运动服务工作。

2. 社区体育场馆设施条件差

根据中国社会体育调查报告，约70%的城乡居民选择在非正式的体育场所进行身体锻炼。在一些大中城市，很多人习惯在街头巷尾的空地或是楼道中锻炼。在过去进行城市建设时，因为只重视居民住宅区建设，配套建设相对不足，当前居民区缺少体育运动场地，这一点在北京市社区体育协会调查中得到了证实，约有6.5成的社区体育协会缺乏任何体育场地，而只有少数社区体育协会拥有类似门球场、健身房、舞厅、乒乓球室、活动室、篮球场的室内外体育场地，可用于开展一系列体育活动，但是这些场地面积不到一百平方米。可以看出，社区体育发展的一项关键性问题是社区体育活动场地严重匮乏。

3. 社区体育服务方法落后，科技含量低

在我国，许多社区在提供体育服务方面都不太完善。社区体育项目中，多数都是传统的、面向老年人的保健性运动，很难找到适合年轻人的体育活动项目。就活动形式而言，相关部门将更多的资金和精力投入到大型运动比赛和表演的安排上，却对促进居民日常体育锻炼活动缺乏重视。就指导服务内容而言，强调推广传统的锻炼方式，却忽视了现代科学知识的普及；重视教授运动技巧，但却忽视了运动方案的指导；重视评估外在动作，却忽视监测个体内在身体素质，这样的方式欠缺科学性。许多社区的健身指导站技术设施匮乏，甚至没有血压计等基本设备。因此，我国大多数基层社区无法实现对居民体质的监测。因此，启动全民健身计划体质监测网络，还需要借助外部力量。

（二）高校对社区体育发展的重要性

就现阶段而言，我国的社区体育还有待进一步发展。高校是一个独特的组织，既有社会的特征，又兼具学校的属性。相对于社区来说，高校可谓是"体育小康村"，这是因为高校在运动设施、运动水平和运动技术指导等方面均处于领先地位。在我国转型的关键时期，我们需要充分展示社区体育的作用，通过示范带动社区体育的不断发展，进而推进两者的共同进步。为了促进全民健身事业的发展，我们需要将社区体育和高校体育充分结合起来，利用高校体育的积极开展来带动整个社区体育的发展。通过这样的不断引导，普通群众可以树立起终身体育的意识，为全民健身运动的发展作出积极的贡献。

随着我国人民生活水平的不断提高，越来越多的人开始愿意在体育运动上消费。特别是在大学周围，周边社区通常属于城市地区，居民生活水平较高，在体育运动和消费方面有着相对充足的资金支持。然而，许多地区在公共体育设施方面存在不足，专门从事社区体育的人才匮乏，当前社区体育实践中还存在着明显的盲目和自发状态。与之相对应的是，在我国体育事业中，高校中的体育建设已经达到较高的水平。大学与周边社区环境息息相关，通过将社区体育和高校体育相结合，不仅能够共享高校现有各类体育资源，有效减少资源浪费，还可积极促进社区体育的发展。此外，两者之间的结合，更加方便高校搜集更多的关于社区在体育活动的资料和数据，有助于推动高校体育的更高层次发展，同时也能够更好地发展我国民族传统体育项目。因此，加强社区体育和高校体育之间的结合具有重要的意义。

二、以浙江省为例，分析高校体育院系与社区合作的可能

（一）浙江省高校体育院系发展现状

1. 浙江省高校体育院系人才资源的现状

浙江省 10 所高校体育院系中，共有专职体育教师 516 人，其中教授 56 人、副教授 228 人、讲师 153 人、助教 79 人。有博士学位的体育教师 31 人，占 6.0%；有硕士学位的体育教师 177 人，占 34.3%；有学士学位的体育教师为 301 人，占 58.3%；专科的体育教师为 7 人，占 1.4%。不难看出，浙江省高校体育院系的在职体育教师通过攻读学位和继续教育不断提高体育教学和科研质量[①]。

2. 浙江省高校体育场馆资源的现状

浙江省 10 所高校体育院系现有场馆总面积 485.917m²。其中标准田径场 22 个、风雨操场 21 个、足球场 22 个、篮球场 205 个、排球 141 个、网球场 72 个、羽毛球场 49 个、健身房 27 个、游泳馆 12 个、武术馆 11 个、综合体育馆 6 个。

---

① 赵晓红. 浙江省高职院校体育教师师资队伍现状及发展对策研究 [J]. 浙江体育科学，2018，40（05）：96-100.

到目前为止，浙江省 10 所高校体育院系中只有少数有条件的体育场馆对外开放，为高校体育院系创造了一定的盈利①。

（二）浙江省社区体育发展的现状

1. 浙江省社区居民参加体育健身的现状

在浙江省，散步是社区居民参加体育锻炼项目中最受欢迎的；其次是球类运动，排名第二；慢跑位列第三。造成这种情况的原因在于，散步和慢跑这两种运动形式不受体育场所需器材和运动技巧的限制，同时对身体健康的锻炼效果也非常显著，因此受到社区居民的追捧。此外，由于普及程度较高，羽毛球、乒乓球、篮球等运动项目也成为浙江省社区居民钟爱的体育运动项目。

2. 影响浙江省社区居民体育锻炼的因素

浙江省社区居民参与体育锻炼的最大障碍是缺乏体育场地和器材，其次是缺少指导和组织。这反映出浙江省社区体育设施不足，组织和指导力量不足。

3. 浙江省社区体育健身服务现状

社区可以通过宣传科学的健身知识、方法和手段来提升居民对社区体育的认知水平，增强居民的科学健身意识，引导居民进行文明、健康的体育活动，最终提升居民的身体素质。浙江省只有一半的社区经常宣传社区体育知识，这表明该省在社区体育宣传方面存在不足之处。因此，需要加强宣传，创造"人人健身"的体育文化氛围，才能不断提升浙江省社区居民对健身的意识水平和认知水平，引导社区居民采用科学的方式进行体育健身。

社区体育指导员在组织、管理、培训和指导社区居民参加体育锻炼方面发挥着重要作用。资料显示，在浙江省各街道社区中，等级认证的体育指导员数量相对较少，这一情况可能会对社区体育活动的正常进行产生不利影响。在浙江省社区体育领域，缺乏可见等级的体育指导员已经成为一个首要解决的问题。在浙江省社区，应当积极培养一支素质高的社会化体育指导员队伍，同时鼓励更多的热心体育志愿者加入社区，开展各类体育健身服务。

社区体育的顺畅开展需要体育场地设施的支持，然而在浙江省，社区体育场地设施的建设滞后于市民的需求，这直接拖慢了社区体育事业的发展。要达成这个目标，需要在两个方面进行努力。首先，需要快速地提高社区体育场馆和设施的开发和建设速度；其次，要把社区现有的体育场地资源整合，并加快学校体育设施对社区居民的开放速度，以为社区居民参加体育活动提供充足的条件。

---

① 冯坤野.浙江省高校体育场馆对外开放现状及对策研究 [D]. 杭州：浙江师范大学，2013.

三、高校体育院系与社区体育健身服务的合作

（一）充分利用高校体育院系的体育资源

1. 发挥高校体育院系人才资源的优势

浙江省高校中，体育院系有着丰富的人才资源，特别是高校教师具有出色的运动能力和组织能力。他们是群众健身活动领域不可或缺的强大支柱。浙江省高校体育院系的学生具备体育实践者和宣传者的双重身份，既可以参与到社区体育服务工作中来，又能组织一些社区体育比赛，并且还能举办宣传体育健身知识的讲座。高校与社区之间的合作，不仅为学生提供了社会实践和学习的机会，也有利于体育院系及时获得反馈信息，从而根据社会实践调整教学内容，增强体育院系学生未来的社会竞争力和适应能力。此外，高校师生进社区，有效解决了社区体育指导员不足的问题，促进社区体育指导工作进一步完善。

2. 充分利用高校体育院系的体育场馆设施

（1）确定低廉的收费标准，体现公益性特征

由于高校体育场地在本质上与其他公共或营利性体育场馆不同，它承担着独特的职能与责任，因此无法完全采取市场化运作。高校体育场地的收费应该以提供公益服务为出发点，同时考虑市场经济的利益补偿机制，确保价格低廉合理。在转变过程中，会涉及场馆的开放时间、服务、收费等具体事宜，因此高校体育场地管理部门需要做大量的工作，以便将校内的行政型管理转变为向社会开放的经营性服务。首先，高校体育场地的重要职能是保证校内体育教学的顺利进行，因此，在制订对外开放政策的时候，必须确保教学活动的顺利进行，在此基础上确定对外开放的时间；其次，还需要考虑到高校体育场地的基本情况，保证现有的功能不被改变，再根据体育场地具体条件确定向社会开放的服务项目；再次，与相关部门联合制定收费标准，同时还要明确场地管理维护的各项事宜，确定好权责关系。

（2）加强与体育主管部门的联系，共建体育活动基地

高校体育场地向社会开放是一个全新的尝试，没有管理经验可借鉴，因此要同体育主管部门紧密协作，一方面获取更多的资金方面的帮助来维护高校自身的体育场地设施，另一方面取得更多的对外开放管理经验。比如，同体育局群体处合作，利用高校现有的体育设施，建设全民健身基地；在体育局青少年活动中心的指导下，成立青少年健身活动俱乐部，并学习俱乐部相关管理经验；同体育彩票公益中心合作，获得资金支持，利用高校的场地，新建设更多大众体育运动设

施，服务大众的同时还能美化高校校园环境。

（3）与居委会合作，开展各种大众健身活动

为了方便居民就近进行体育健身，可以与周边社区或居委会合作，共同策划并组织不同类型的体育健身活动。例如，居委会可以根据不同健身项目和时间，将需要参与健身的社区居民组织成不同的健身小组，并颁发会员证或健身登记卡，使他们能够在校园内的体育场馆参加各种体育活动，并获得相关的健身指导。有计划、有时间安排的体育健身活动，既不会干扰正常的教学秩序，又有利于便于管理，并且有助于建立学校、家庭和社区三位一体的体育健身网络，充分利用高校体育场地资源，提升其社会效益，同时也使其成为社区文化和社会主义精神文明建设的重要场所。

（二）以社团体育为依托促进高校体育院系的发展

为了推动浙江省高校体育院系的发展，可以通过多层次、多形式的合作与社区体育携手合作，促进社区体育的发展。此外，体育院系的师生也可以通过参与社区体育的管理和指导，进一步提升体育信息、技术和管理等无形资源的价值，为体育院系的教学改革提供理论和实践依据。浙江省高校体育学院应主动与社区相关部门沟通联系，建立紧密的合作关系，并积极探索最佳的高校体育学院与社区体育协同发展的合作模式。

综上所述，由于社区体育设施不足、社会体育指导员缺乏和社区居民对体育的认识不足，高校体育院系有义务参与社区体育健身服务。高校体育资源应得到最大限度的利用，实现高校体育与社区体育的有机结合，以促进全民健身运动的深入发展，培育提高全民健身意识和质量，确保全民健身计划的成功实施。

第四节　社区体育团队的作用——上海社区体育团队的案例分析

如今，社区体育团队已经在各大社区中迅速发展壮大。这些团队是由社区居民自发组织的，旨在促进社区居民的体育、健身和娱乐活动；有些是在各级政府、机构和协会的指导下成立，以社区为主要活动场所，致力于推广体育运动。社区体育团队的建设与发展需要团队成员通过有效的沟通、协调和合作来管理团队活动，实现共同的目标和追求。这有助于促进团队成员以及社区居民之间的互相沟通、理解和信任，使团队在基层社会治理中发挥积极作用。

一、社区体育团队相关概念

团队指的是一群人在特定领域有共同兴趣，通过参与活动和交流讨论来一起解决问题和分享经验的一种合作机制。团队合作需要各成员彼此交流经验、想法和分享资料，以集思广益，解决共同面对的难题，共同研究方案，提出具有创新意义的想法。

社区体育团队是由居住在同一区域的人自发组成的健身群体。他们通常有固定的健身时间、地点和项目，并且利用当地的自然环境和体育设施进行健身活动。目的在于满足社区居民的体育健身需求，促进身心健康发展。

因为可以更好地满足居民日常健身需求，所以社区体育团队的稳定性较高。在社区体育团队中，居民之间的沟通和联系较为紧密，因此也更受居民欢迎，成为其最主要的锻炼方式。社区体育团队一般由六个关键因素组成：一是社区体育组织，它是其中最为关键的因素；二是社区居民，他们是社区体育活动的主体；三是场地和设施等物质保障；四是有关经费的资金保障；五是社区体育的管理者和指导者，他们能够促进社区体育各要素之间的协调合作，发挥最好的作用；六是社区体育活动，是社区体育的一种具体表现形式和直接目标。

社区体育团队是社会组织的重要组成部分，在社会治理中应该积极发挥作用，践行多元主体、平等参与的理念，推动基层社区工作不断完善。

二、社区体育团队的组织与运作

自我组织是社区体育团队的一种重要形式，它采用的是现代自治管理模式，其特点是具有高度自觉性。在自我组织中，团队成员主要依靠自身的积极性和自觉性来实现团队成员的协调和管理，而不是依靠行政力量。社区体育团队的成功在于培养成员具备自我管理和组织的能力和精神，这是团队所必须具备的管理品质，并且也是团队可持续发展的关键所在。

（一）树立明确的发展理念

在社区居民的建设活动中，社区体育团队已经逐渐成为主体。随着社会进步，社区居民对健康问题愈加重视，这也促使社区体育团队的数量不断增加。这些团队为居民参加体育活动提供了便利。加入某一个团队来学习和锻炼正在逐渐成为社区体育活动的主要方式，而且在未来将更加流行。社区体育团队的吸引力和凝聚力源于清晰且切实可行的发展理念，并且有能引起居民情感共鸣的兴趣点，建立一定的人际关系和情感连接，才能吸引他们加入进来。广大民众是社区体育团队发展活动不可或缺的主体，体育团队的创建始于居民对体育活动的需求和兴趣，因此团队的学习内容、活动形式以及日常运营规则需要得到成员之间的共识和合作。

2004年9月，上海市闸北区一群骑行爱好者组成了天目西路街道骑游队。骑游队在成立时规模较小，只有少数几人。但如今，队伍人数已经增长到25名，其中有7名女性成员，整个队伍的平均年龄为62岁。自组建以来，这一团队一直秉持"四自原则"，即始终保持自愿参加、自行承担费用、自我维护安全、自觉遵守行为规范；同时，还坚持"健身、养性、促和谐"的宗旨，以"安全第一、健康第一、友谊第一、游玩第一"为行动准则，致力于创造学习型社区团队，并积极组织各种有益的团队活动。为确保骑行活动的安全顺利，团队制定了一系列规章制度，其中明确了队员的权利与义务。团队希望通过招募新的骑游成员，扩大队伍规模，使每位成员在骑游中积累知识，提升技能，结交更多的朋友，并学会更多生活技巧。

（二）形成鲜明的团队文化

社区体育团队想要持续发展离不开团队文化的支撑。团队文化是团队成员共同价值观的体现，是团队行为规范的统一准则。团队文化是由一系列要素组成的，如团队制度、核心价值观、口号、管理风格以及未来发展目标等，这些要素共同形成了团队特有的文化氛围。社区体育团队文化的建立和发展对于团队成长和进步至关重要。在团队文化的熏陶下，团队成员会受到不同程度的影响，这种影响会促使他们发挥更大潜能，变得更加积极主动，为团队发展作贡献。

根据居民的学习需求和社区互动的需要，杨浦区殷行街道社区学校积极与居民沟通，设计了多项有趣的学习和实践活动，如推拿按摩技能培训、社区环境保护、趣味运动、定向越野、文艺表演等等，以传达健康生活和全民健身的重要价值观。社团在殷行街道的多个社区开展了许多体育游戏、体育健身活动，同时还融入了"随手公益"活动中，让社区充满欢乐的氛围。尽管表面上这个游戏看起来简单，但实际上它需要参与者发挥出团队精神，这种创新的活动形式可以激发参加的青少年和成年人的热情。自发的啦啦队也由居民自己组织起来，为心仪的队伍呐喊助威。

（三）建设完善的团队制度

社区体育团队需要规范管理，必须制定详细完备的团队章程和活动规定。团队成员共同遵守这份章程，并将其作为自我管理的基础。在团队章程中，推出了一系列更具体的、更精细化的指导制度、成员守则、协商制度以及活动管理制度，以此确保团队成员能更好地遵守，使团队能够有条不紊、高效地运转。群体意识、积极性和自主性是社区体育团队成员需要具备的自我管理特质，只有具有这些优良品质，成员才能自发地参与到各种学习和管理活动中去。团队需要展现内部机制的协调、决策、整体性，从而创造一个有效运作的良性环境。

随着社会的发展与生活水平的提高，上海市嘉定区徐行镇也开始面临老龄化城镇的局面，退休老人的数量逐年增多，这一情况与其他乡镇相似。许多老年人在退休后缺乏充实的生活，感到单调和乏味。热衷于风筝活动的徐佰龙老人注意到这个情况，他认为提高老年人的生活质量和身体素质同样重要，这是一件非常重要的事情，绝不是小事。他向所在社区推广结合风筝文化和体育活动的退休生活项目，很快引起了街道领导和社区居民的关注和支持。他和另外七名中老年风筝爱好者联手，在范桥村组建了上海市郊区的第一个农村风筝工作坊，即徐行镇老年风筝工作坊。该工作坊的成员数量从 2001 年底的不到 30 人增长到了 46 人。随着团队规模不断扩大，工作坊积极加强了内部管理机制，完善了相关制度，从而成功提升了团队的凝聚力和战斗力。工作坊制定了详尽的管理规定，签署了安全责任状，并分设行政组、技术组、后勤组等组织部门。此外，队委成员也由原先的 3 人增加到 7 人，并具体规定了各自的职责和义务。

三、社区体育团队在基层社会治理中的作用

作为城市居民社区活动的一个平台，社区体育团队令人感觉到了愉悦和充实，并让每个成员在团队中展现自己的价值，同时增进了社区居民之间的凝聚力和互信。同时，团队活动也有助于传递社会正能量，促进社会的和谐稳定。社区体育团队的成员汇聚在一起，旨在相互交流和分享，追求的不仅仅是个人的娱乐和自我满足，而是在社会中不断探寻平衡点，寻找生活的乐趣。

社区体育团队通过一定形式将个体汇聚成为一个集体或团体。团队活动是集体行为，不仅对个人产生影响，而且对团队，甚至整个社会都会产生影响。团队活动是个人与社会之间的连接点，社区体育团队则成为个人、家庭和更广阔社会范围之间建立联系的桥梁。

（一）满足人们参与群体活动的社会性需求

除了满足生理需求，人还有一种更为重要的基本需求，那就是社交需求。在社区体育团队活动中，很多社区居民会一起来参加，他们并不一定会追求名次或完美的表现，他们的需要其实是建立一种朋友圈和群体生活，并从其中获得安全感，以此确认他们在社会中仍然受欢迎而不被边缘化。有了团队活动之后，他们的生活变得更加丰富多彩，有更多的机会和场合来满足他们对于群体活动和社交需求的渴望。从这个角度来看，社区体育团队在缓解人们压力方面发挥了重要作用。

从远古时代，人类就习惯了群居。在群体的共同活动中，人类最容易获得安全感，并产生被接纳的幸福感，所以，对于人的生存发展来说，群体活动所起到的作用十分重要。特别是社区成员中，有许多是子女不在身边的离退休老人，他们离开了工作的场所，更容易产生孤独感。而参加社区体育团队，一方面可以强身健体；另一方面也会有被团队接纳的满足感，有益于身心健康。

每天清晨，上海市崇明南门老年健身学习团队的成员们都会前往瀛洲公园进行身体锻炼。他们学习老年保健操、老年关节操，并长期坚持练习老年健身舞、健身气功等健身项目。通过参与这项体育活动，队员们提升了自身的健康水平。老年人也喜欢参加一些竞技活动，为了满足他们这一愿望，团队定期举办老年运动会，让队员们在竞技场上互相竞争。参加竞赛不仅能够带来挑战和乐趣，还能够让我们不断超越自我、击败对手，并在竞争中获得荣誉和成功，从而收获幸福的满足感。老年人对运动会情有独钟，该项赛事已成功举办了六届，并且每届外来参赛的老年人数也逐年增加。这支队伍多次被评为崇明区群众体育先进团体。团队组织开展的各种学习活动，让队员们深刻感受到身体健康状况得到了显著的改善，同时整体精神状态也大幅提升了。

（二）促进团队成员的和谐和睦

在平等的交流学习中，社区团队成员满足了自身社会交往需求，同时也加强了社区居民的自我认同感和凝聚力，增进社区团结意识，进而促进团队成员及其家人之间的和谐相处。社区体育团队活动的成员通过学习，带动他们家庭成员也热情参与其中，进一步促进了居民生活质量和幸福程度提升。

通过社区体育团队活动，团队成员之间形成了互助友爱的氛围，将团队当作自己的另一个"家"，倾心为团队贡献力量，维护团队荣耀。他们自觉地把团队的利益放在首位，愿意放弃个人的私利，维护团队的友爱和谐氛围。团队协作和服务精神的核心在于成员的协同合作，体现了个人利益和整体利益的一致性，并确保组织高效运作。

位于上海市新华街道东北面的和平居民区，是一个融合老式洋房、现代商品房、售后公房及简易房的综合住宅区。该区共有约 2900 名居民，其中约 973 人年龄超过 60 岁。因为小区中有大量老年人，街道老龄委和和平社区党总支联合成立了"健康会友"睦邻学习点，旨在帮助独居老人解决在生活中的精神难题，让他们摆脱"出门一把锁，进门一盏灯"的困境，积极融入社区，满足老人"求学、求乐、求为"的精神需求。

老年人通过参加团队活动，享受到了健身、娱乐等方面的精神文化服务，同时也使他们建立了友谊，提高了独居老人晚年的幸福感。

（三）提升社区居民的社会认同感

随着城市化进程的推进，人口流动速度越来越快，社区范围快速扩大，社区中孤独的老人、退休老人和外来人口数量不断增加。虽然社区居民都居住在同一个社区内，但彼此之间的交流很少，个体之间是孤立的。社区居民彼此间缺乏紧密的联系和认同感，导致了居民孤独感的加剧。

社区内活跃的体育团队，吸引了大量人群的积极参与。这是因为经常参加同一运动活动让团队成员之间逐步变得熟悉并互相认同，并从中获得更好的精神满足和自我认可。团队成员同时也追求着共同的团队目标，这让他们将整个社区看作是心灵的归属。社区体育团队并没有一定的准入门槛，也缺乏严格的管理制度，许多离退休人员有机会重新整合自身资源，积极参与到社区事务中来。加入团队活动可以改善市民的生活品质、生活幸福指数和满意度，同时也可以促进社会和睦、社区稳定，加强地区的长期稳定和安全。要推动团队的发展和壮大，必须确立清晰的目标、建立健全的管理规章制度、建立良好的交流氛围等，通过目标管理的方式，让团队成员紧密团结在统一的目标下，共同努力为实现团队目标而工作。

我国有三个最具代表性的民间文体团队，分别产生于上海鲁迅公园、北京天坛公园和广州白云山公园。鲁迅公园和虹口足球场相邻，以其独特的自然园林风景和体育、人文文化氛围而著称。这种环境下，造就了许多优秀的文体团队，他们不断进行自我塑造、自我管理和自我发展，产生了"雪球效应"，吸引了越来越多的文体爱好者前来。各种体育运动团队会利用不同场地训练和表演，有的选在虹口足球场外的空地上，有的则在公园湖畔和树林中舞动身姿，运动的方式包括拳击、踢足球、快步散步以及做体操等，有些团队还会与文化娱乐活动相结合，如歌唱和书法等。这些运动活动构成了城市中一道丰富多彩的景观，吸引人们驻足观赏，感受体育健身的精彩，并激发出人们参与运动的热情。这类团队被称作"草根"团队。相较于那些得到政府部门支持的社区团队，这些团队并没有享受到政策、资金、设施等方面的资源，但是也没有被行政机关的色彩所束缚，因此形成了独特的自我发展的活力。

（四）推动形成团队领袖

社区体育团队以休闲健身为主，其组织形式较为灵活，常以自我规划、自我运营以及自我管理为主要方式，不太受限制。团队的中坚力量是促进团队发展的推动力。除了维护团队的日常运营和促进团队的扩大、发展外，杰出的团队领袖还可以运用自身的知识，为达成团队共识贡献力量。团队领袖可以利用他们在成员中间建立的影响力和信任，采用协商的方式来探索新的社区治理方案。

在上海的闸北公元，每天清晨，雷龙兰老师都会组织五行七拳团队的队员以及公园拳友们一起学习传统武术盘龙剑。这个活动从 2013 年 11 月就开始了，目的是弘扬推广我国传统武术。在经过一段时间的学习后，学员们基本掌握了盘龙剑的技巧，并取得了预期的学习效果。他们每天清晨都会在公园内训练展示盘龙剑，这吸引了不少公园游客前来观看，为闸北公园增添了一道美丽的风景线。根据这个案例，我们可以深刻体悟到运动的重要性，它不仅能够带来健康和快乐，还起到了提升个人修养、增强身体健康的作用。

（五）提升服务社会的意识

通过参与社区体育团队活动，团队成员的集体意识得到了加强，同时他们的社会责任感也得到了提升。社区为居民提供的体育健身服务和设施，涵盖了不同的健身器械，满足不同层级人群的健身需求。通过社区体育团队的培训和影响，越来越多的人参与其中。随着团队规模的扩大，团队肩负的责任也随之增加，必然会回馈社会，形成良好的影响力。在为社会服务的团队中，成员有机会将自己所学的知识经验与他人分享，用自身的能力贡献力量，完成一些力所能及的善举。这样的行为不仅使团队成员内心得到满足，还能够为他人带来益处。

晚霞太极健身团队是上海市退休职工大学金山分校的学员们自发组织的健身团队，队员的平均年龄为 63 岁。队员在参与训练和活动的过程中，获得了愉悦的体验，并取得了不错的学习成果。同时，他们乐意与其他社会群众交流，计划每年为社区居民提供健身方面的学习和培训，其中内容包括"太极养身杖"和"导引养身功十二法"等技能。他们还计划参加上海市和区里的气功展示和比赛活动，为了促进资源共享和扩大受众范围，晚霞气功健身团队还积极引导更多社区居民参与，并提供便利的学习机会和健身方法，以助力社区居民保持健康。

在老师和队员的协同合作下，团队取得了出色的业绩，并且产生了积极的社会影响。队员们表示，他们会继续保持团结和协作，并积极向社区居民奉献，不断拓展进取，勇于探索出新的方法。他们将致力于增强团队凝聚力，展示社区居民积极向上的精神风貌，并竭尽所能成为市民学习的楷模和典范。

参考文献

[1] 方敬秋.城市化背景下中型城市社区体育服务体系构建与实证研究 [M].海口：南海出版公司，2020.

[2] 郭磊，李泽龙，王洪鹏.全民健身服务体系与实践指导 [M].北京：新华出版社，2015.

[3] 李朝福，赵时.黑龙江省社区体育多元化服务体系建设理论与实践研究 [M].北京：新华出版社，2014.

[4] 王凯珍.中国社会转型与城市社区体育发展 [M].北京：北京体育大学出版社，2012.

[5] 罗旭.我国全民健身服务体系的理论构建与运行机制研究 [M].北京：北京体育大学出版社，2011.

[6] 于永慧.中国体育设施发展的制度分析 [M].北京：北京体育大学出版社，2010.

[7] 李相如.全民健身研究新视点 [M].北京：北京体育大学出版社，2008.

[8] 胡启权.当代社会体育分析与研究 [M].北京：新华出版社，2019.

[9] 易锋，陈康.互联网时代资源共享型社区公共体育发展模式研究 [M].苏州：苏州大学出版社，2021.

[10] 李南，杜长亮.城市社区体育设施规划与服务质量研究 [M].北京：科学出版社，2018.

[11] 向朝黠，张雅雯.城市社区体育智能治理困境与纾解 [J].体育科技文献通报，2023，31（05）：209-212.

[12] 李庆新，韦颂，串凯.地方高校体育院系服务社区体育文化建设路径研究 [J].当代体育科技，2023，13（13）：128-131.

[13] 周铭扬，缪律，严鑫.城市社区体育整体性治理探赜 [J].体育文化导刊，2023（04）：71-77.

[14] 王凡，戴健.社区体育整体性治理的逻辑起点、问题审视与困境突破 [J].山东体育学院学报，2023，39（01）：11-19.

[15] 代争光，张峰瑞.城市社区公共体育服务走向合作治理：价值、困境与进路

[J]. 湖北体育科技，2022，41（11）：1003-1008.

[16] 赵述强，刘卫军，高跃.共建共治共享理念下推进我国城市社区体育微治理研究 [J].体育科学，2022，42（09）：17-25.

[17] 周俊.城市社区体育设施供给多链融合的问题与对策 [J].吉林工程技术师范学院学报，2022，38（06）：82-84.

[18] 程亮亮，刘伟.智慧城市视域下城市社区体育用地供给路径研究 [J].商丘师范学院学报，2022，38（06）：104-106.

[19] 孙宇.城市社区体育科学化发展措施研究 [J].当代体育科技，2022，12（13）：115-117.

[20] 游进，翟瑞谦.我国城市社区体育现状调查与问题分析 [J].教育科学论坛，2022（11）：63-67.

[21] 吴书行.淮北城市社区体育适老化发展研究 [D].淮北：淮北师范大学，2022.

[22] 尚蕾.郑州市城市社区智慧体育服务体系设计与实施策略研究 [D].郑州：河南农业大学，2022.

[23] 韩雪.上海城市社区公共体育服务供给研究 [D].上海：东华大学，2022.

[24] 王宁.协同治理视角下城市社区公共体育服务体系建设研究 [D].济南：山东大学，2021.

[25] 朱松.全民健身视角下成都市高新区社区体育开展的研究 [D].成都：成都体育学院，2019.

[26] 李瑞珍.中国城市社区妇女体育参与的限制因素研究 [D].郑州：河南大学，2018.

[27] 唐茹萍.城市社区公共体育设施安全管理存在的问题与对策分析 [D].长沙：湖南师范大学，2018.

[28] 洛晨.当代城市社区体育馆设计研究 [D].哈尔滨：哈尔滨工业大学，2017.

[29] 魏晓洁.西安市城市社区体育管理及优化研究 [D].西安：西安体育学院，2016.

[30] 丛伟伟.城市社区体育健身中心设施配置研究 [D].南京：南京航空航天大学，2016.